Wir sind AlpacaCamping:

Schön, dass du dieses Buch in deinen Händen hältst! Gestatte uns, uns kurz vorzustellen – Wir sind AlpacaCamping. Unser Ziel: Dir Camping genau so ermöglichen, wie du es verdienst – Spontan, naturnah und absolut idyllisch. Auf AlpacaCamping.de findest du über 4.000 naturnahe Erlebnis-Stellplätze europaweit. Unsere Anbieter sind Privatpersonen, Winzer, Landwirte, Gemeinden und Vereine.

Das ist noch nicht alles! Um dein Campingerlebnis zu perfektionieren, bieten wir zusätzlich eine Plattform für Camper-Sharing, Ab- und Unterstellplätze und eine kostenfreie Suche für Ver- und Entsorgungsstationen. Schau gerne mal auf unserer Website vorbei.

Jetzt aber nichts wie los – Entdecke unsere Camping Geheimtipps für 2024! Klettere auf die höchsten Berge, schwimme in kristallklaren Seen, wandere durch mystische Wälder und werde eins mit der Natur.

Mit diesem Reisebegleiter kann's nur gut werden!

Viel Spaß beim Campen
– dein AlpacaCamping-Team

So funktioniert's

Über den QR-Code buchen:

- QR-Code im Buch scannen
- Traumstellplatz finden
- Reisedatum auswählen – auch Buchungen für denselben Tag sind möglich!
    - Sollte der Platz belegt sein, scrolle nach unten – dort findest du weitere Plätze in der Nähe (#1, #2, #3... etc. befinden sich am selben Standort)
- Sofort buchen & bezahlen
- Du erhältst eine Mail mit der Anfahrtsbeschreibung und den Kontaktdaten deines Gastgebers. Du kannst auch ganz ohne weiteren Kontakt zu deinem Traumplatz fahren und los campen.
- Vergiss' im Anschluss die Bewertung nicht!

Über die Website buchen:

- www.AlpacaCamping.de besuchen
- Wunschort und -datum angeben – auch Buchungen für denselben Tag sind möglich!
- Traumstellplatz finden
    - Scrolle nach unten – dort findest du weitere Plätze in der Nähe (#1, #2, #3...etc. befinden sich am selben Standort)
- Sofort buchen & bezahlen
- Du erhältst eine Mail mit der Anfahrtsbeschreibung und den Kontaktdaten deines Gastgebers. Du kannst auch ganz ohne weiteren Kontakt zu deinem Traumplatz fahren und los campen.
- Vergiss' im Anschluss die Bewertung nicht!

ACA CAM PING

€	bis 21,00 Euro
€€	bis 40,00 Euro
€€€	bis 65,00 Euro
>7m	geeignet für ü. 7 Meter-Fahrzeuge
	geeignet für Wohnwagen
	geeignet für Zelte
	geeignet für Wohnmobile/Vans
	geeignet für Dachzelte

Wir freuen uns über Bilder von deiner Reise!

Solltest du Bilder vor Ort aufnehmen, die wir für den Stellplatzeintrag verwenden dürfen, sende diese an:
christian@alpacacamping.de
Das schönste Bild, das bis zum 31.12.24 bei uns eingeht, gewinnt eine Woche gratis Camping.

Anmerkung:

Eine Barzahlung vor Ort ist nicht möglich.
Wir unterstützen alle gängigen Zahlungsdienstleister. Die Preise werden von den Gastgebern festgelegt und können variieren. Wenn nicht online, im Stellplatz-Eintrag, anders angegeben, ist die Anreise in der Regel ab 13 Uhr und die Abreise sollte nicht später als 12 Uhr sein. Wir finanzieren uns durch eine Servicegebühr, die im Preis inbegriffen ist. Bei Fragen wende dich bitte an unseren Support (Tel.: +499382-2888979).

Bayern

Ba-Wü

Rheinland-Pfalz

Hessen

Thüringen

Sachsen

Sachsen-Anhalt

NRW

Niedersachsen

Brandenburg

Mecklenburg-Vorpommern

Schleswig-Holstein

Impressum

Redaktion & Layout
Marina Müller
Sophie Krank

Assistenz
Amelie Roggenkämper

Texte
©AlpacaCamping GmbH

Umschlag
©AlpacaCamping GmbH
©FeuerQuell Fotografie

AlpacaCamping GmbH
Mutzenroth 10
97516 Oberschwarzach
kontakt@alpacacamping.de

Druck
FLYERALARM GmbH
Alfred-Nobel-Str.18
97080 Würzburg

Los geht die Reise

Bayern erwartet dich mit einer Vielzahl von Erlebnissen, die selbst die anspruchsvollsten Touristen begeistern werden. Mit seiner kulturellen Vielfalt und seinen malerischen Orten hat Bayern zweifellos eine Fülle von Reizen für jeden Reisenden, der auf der Suche nach unvergesslichen Erlebnissen ist.

Die Alpen, die majestätisch in den bayerischen Himmel ragen, sind ein wahres Paradies für Naturliebhaber und Abenteuerlustige. Im Winter verwandeln sich die verschneiten Gipfel zu einem der Top-Skiziele Europas.

Doch auch im Sommer sind die Alpen einen Besuch wert. Endlose Wanderwege schlängeln sich durch grüne Täler und entlang kristallklarer Bergseen. Hier kann man die reine Bergluft einatmen und die Stille der Natur genießen.

Sehenswerte Orte

Das Schloss Neuschwanstein ist ein architektonisches Meisterwerk und bietet eine traumhafte Kulisse, hoch oben in den Alpen.

Der Königssee, mit seinem kristallklaren Wasser und den umliegenden Bergen, ist wie ein Stück vom Paradies auf Erden. Eine Bootsfahrt auf dem Königssee ist eine Gelegenheit, die atemberaubende Landschaft zu bewundern.

von 'jplenio' über Pixabay

Ebenso bezaubernd ist der Tegernsee, umgeben von malerischen Dörfern und einer traumhaften Alpenkulisse. Natürlich gibt es einige Städte, die du einfach einmal gesehen haben musst.

Beispielsweise die Landeshauptstadt München, mit prächtigen Gebäuden und modernem Stadtleben. Rothenburg ob der Tauber – ein absolutes Muss für Geschichtsinteressierte und Würzburg, mit der charmanten Altstadt und erstklassigen Weinen.

Wenn du einfach an Seen und Bergen entspannen oder die Geschichte in den historischen Städten erleben möchtest, bist du in Bayern genau richtig.

Wir empfehlen folgende Regionen:

- Allgäu
- Oberbayern
- Chiemgau
- Bayerischer Wald
- Franken
- Rhön
- Spessart

Allgäu

Auf ins Allgäu

Als Camper wirst du im Allgäu von der einzigartigen Mischung aus malerischer Landschaft, alpiner Atmosphäre und herzlicher Gastfreundschaft begeistert sein.

Das Allgäu erstreckt sich über Bayern und Baden-Württemberg und ist geprägt von sanften Hügeln, dichten Wäldern, idyllischen Seen und den majestätischen Alpen. Die Region bietet eine Fülle von Outdoor-Aktivitäten, die von Wandern und Mountainbiken bis hin zum Wintersport reichen.

Die Alpen sind das Highlight des Allgäus und die Region ist ideal für Bergwanderungen. Der Hauptkamm ist ein beliebtes Ziel für erfahrene Wanderer, während es auch viele leichtere Routen für Anfänger gibt. Die Berggipfel bieten atemberaubende Ausblicke auf die umliegende Landschaft. Der Forggensee ist der größte Stausee Deutschlands. Ein Paradies für Wassersportler. Segeln, schwimmen oder einfach am Ufer entspannen.

Lust was zu unternehmen?

Füssen beeindruckt mit seiner mittelalterlichen Altstadt und dem Schloss Neuschwanstein. In Kempten, der ältesten Stadt Deutschlands, findest du historische Kirchen und Gebäude.

Ein funkelndes Erlebnis:

Ein absolutes Muss für Campingfreunde ist das alljährliche Funkenfeuer im Allgäu. Der traditionelle Winterbrauch am ersten Fastensonntag ist ein beeindruckendes Spektakel.

Ein riesiger Holzstoß wird entzündet, um den Winter zu vertreiben. Dazu gibt es leckere Speisen, wie Wurstspezialitäten und Funkenküchle.

Besonders eindrucksvoll ist das Funken in Oberreute, veranstaltet vom Funkenclub Langenried, mit einem bis zu 20 Meter hohen Holzturm. Ein Erlebnis, das du dir nicht entgehen lassen solltest!

Das solltest du ausprobieren:

- Funkenküchle
- Krautkrapfen
- Speckknödel
- Die Vierspurige

Alle Plätze im Allgäu entdecken:

Camping mit Nachbar Huhn im Allgäu

Erlebe ein unbeschwertes Campingvergnügen inmitten einer atemberaubenden Landschaft.

Der Stellplatz ist fein geschottert und verfügt über einen Stromanschluss und Wasser. Eine dezente Beleuchtung ist installiert, damit du auch nach Sonnenuntergang die Natur genießen kannst. Für Familien gibt es einen schönen Spielplatz, der den Kindern zur Verfügung steht.

Bitte beachte, dass der Platz nicht an die Kanalisation angeschlossen ist. Die Entleerung der Toiletten ist an einer öffentlichen Entsorgungsstelle möglich. Die Benutzung der Sanitäranlagen ist im Preis inbegriffen.

- Wasser
- Strom
- Schmutzwasserentsorgung
- Waschmaschine
- Toiletten
- Dusche
- Feuerstelle
- Hofladen
- Haustiere willkommen

€€

>7m

Tipp von Gastgeber Hermann:
»Zwei Kilometer entfernt gibt's eine super Bäckerei 'Charly's Coffeeshop'. Für Kinder empfehle ich den Wald-Wissens-Spielplatz im Ort.«

87634 Günzach

Jetzt buchen:

Am südlichen Auerberg mit Bergblick

Der Campingstellplatz liegt am südlichen Auerberg, unweit von Füssen und den Königsschlössern, Schloss Neuschwanstein und Schloss Hohenschwangau sind in circa 15-20 Minuten Fahrt zu erreichen.

Der Platz liegt knapp 150 Meter vom Hof entfernt. Die Therme in Schwangau ist ebenfalls in 15 Minuten erreichbar. Lebensmittel für den täglichen Bedarf findest du in 2 Kilometern Entfernung.

Das sagen andere Camper:

»Dieser Stellplatz ist etwas ganz Besonderes und unbedingt zu empfehlen! Der Blick, die Weite und die Ruhe sind einzigartig. Die Gastgeber sind sehr freundlich und hilfsbereit. Unser schönster Spot bisher und kaum zu toppen!«

★★★★★

Haustiere willkommen

€

>7m

87675 Stötten am Auerberg

Jetzt buchen:

Tipp von Gastgeber Richard:

»Im Hofrestaurant Mächlerhof kannst du lecker und regional essen. Für Familien empfehle ich das Wildgehege am Auerberg.«

Natur des Pfaffenwinkels

Der Naturstellplatz liegt mitten in der Natur auf einer grünen Wiese, circa 700 Meter von dem dazugehörigen Hof entfernt! Hier kannst du die Idylle genießen und gemütlich an der Feuerstelle sitzen. Der Stellplatz befindet sich im malerischen Pfaffenwinkel, nahe der bayerischen Alpen.

Hier findest du zahlreiche Wander- und Radwege, die zu atemberaubenden Landschaften und Sehenswürdigkeiten führen. Besuche die berühmte Wieskirche, die Klöster Rottenbuch, Polling und Dießen sowie die glitzernden Seen Ammersee und Staffelsee im Blauen Land.

Das sagen andere Camper:
»Der Stellplatz ist gut zu erreichen und trotzdem super ruhig und abgeschieden. Klasse Sternenhimmel.«

Feuerstelle

Haustiere willkommen

€€

>7m

82380 Peißenberg

Jetzt buchen:

Tipp von Gastgeber Korbinian:
»Wandere doch mal auf den Hohenpeißenberg, dort hast du eine großartige Aussicht aufs Allgäu. Besuche im Bergbaumuseum Peißenberg und in der Rigi-Alm lohnen sich immer!«

Sundowner Platz mit Aussicht

Der Bauernhof an der Geländekante mit Blick über den Landkreis Rosenheim und Gebiet Samerberg mit dem Berg Hochries ist einmalig. Vom Stellplatz aus sind viele Wanderungen möglich.

Lebensmittelgeschäft und Einkehrmöglichkeit sind fußläufig in circa 10 Minuten erreichbar. Vom Platz aus kannst du Mountainbiketouren starten und ein naheliegendes Naturschwimmbad gibt es auch.

Da der Untergrund teilweise uneben ist, wären Unterlegkeile nicht schlecht.

Haustiere willkommen

€€

>7m

83122 Samerberg

Jetzt buchen:

Das sagen andere Camper:

»Unglaublich schöner und ruhiger Stellplatz mit super Blick. Der Sonnenuntergang war einfach nur WOW. Herzlicher und sehr netter Gastgeber. Absolut empfehlenswert, TOP.«

★★★★★

Tipp von Gastgeber Josef:

»Fußläufig sind 3 ausgezeichnete Gaststätten erreichbar. Der Downhill BikePark könnte den aktiven Gästen gut gefallen.«

Auf einem Hof in Untrasried

Dieses idyllische Plätzchen mit einem herrlichen Berg- und Talblick steht dir zur Verfügung!

Der Naturstellplatz liegt im Herzen des Hofes, neben dem Gemüsegarten! Genieße die Ruhe und die Natur und erhole dich so richtig. Der Platz bietet Strom, Wasser und eine bequeme Entsorgungsmöglichkeit. Eine Feuerstelle für ein gemütliches Lagerfeuer ist auch vorhanden.

Das sagen andere Camper:
»Das war und ist der schönste Stellplatz, den wir je hatten!«
★★★★★

Wasser

Strom

Schmutzwasserentsorgung

€

>7m

87496 Untrasried

Jetzt buchen:

Tipp von Gastgeber Peter:

»Wer bei mir campt, kann bei Bäckerei Kohlund oder Bäckerei Claas vorbeischauen, dort kann man sich mit herrlichem Gebäck eindecken.«

Oberbayern

Campen in Oberbayern

Willkommen in Oberbayern, einem Ort, an dem die Natur in ihrer vollen Pracht erstrahlt und die bayerische Tradition lebendig ist.
Die Region Oberbayern erstreckt sich im Süden Deutschlands und ist bekannt für ihre atemberaubende Alpenlandschaft. Die majestätischen Berge, klaren Seen und üppigen Wälder bieten unzählige Möglichkeiten für Outdoor-Aktivitäten.

Oberbayern bietet auch zahlreiche naturnahe Stellplätze, auf denen du mit deinem Fahrzeug mitten in der Natur übernachten kannst. Egal ob am Ufer eines klaren Sees, im Schatten hoher Berge oder in idyllischen Tälern, diese Stellplätze bieten dir die Möglichkeit, die unberührte Natur in vollen Zügen zu genießen.

Kultur und Sehenswertes

Wenn du die regionale Kultur erleben möchtest, besuche das oberbayerische Murnau, das als Künstlerkolonie bekannt ist.
Hier kannst du das Schlossmuseum Murnau erkunden und die Werke des berühmten Malers Wassily Kandinsky bewundern.

Oberbayern ist auch berühmt für seine zahlreichen Volksfeste, auf denen du das authentische bayerische Lebensgefühl erleben kannst.

Von Mai bis Oktober:

Absolut sehenswert, wenn du rund um den 1. Mai in der Region bist, ist das Maibaumkraxeln. In den Ortschaften wird der Maibaum festlich geschmückt und dann aufgestellt. Zur Tradition gehört das Kraxeln, bei dem den Maibaum hinauf geklettert wird. Dazu gehören auch allerlei akrobatische Kunststücke. Einfach sehenswert!

Natürlich müssen wir das größte Volksfest weltweit erwähnen: Das Oktoberfest oder auch Wiesn genannt. Dieses findet jährlich drei Wochen um den 1. Oktober in München statt. Unser Tipp: Besuche die 'Oide Wiesn', dort geht es etwas ruhiger und traditioneller zu.

Das solltest du ausprobieren:

- Leberknödelsuppe
- Obazda
- Semmelknödel
- Spargel
- Oktoberfestbier

Alle Plätze in Oberbayern entdecken:

Am Badeweiher

Erlebe den herrlichen Berg- und Talblick von diesem idyllischen Stellplatz!

Der Naturstellplatz liegt im Herzen des Hofes, neben dem Gemüsegarten! Genieße die Ruhe und die Natur und erhole dich so richtig.

Der Platz bietet Strom, Wasser und eine bequeme Entsorgungsmöglichkeit. Eine Feuerstelle zum gemütlichen Lagerfeuer ist auch vorhanden.

Feuerstelle

Haustiere willkommen

€

>7m

84564 Oberbergkirchen

Jetzt buchen:

Das sagen andere Camper:

»Super nette und hilfsbereite Gastgeber mit einem sehr idyllischen Stellplatz. Wir kommen bestimmt einmal wieder, wenn wir in der Nähe sind.«

★★★★★

Tipp von den Gastgebern Theresa und Markus:

»Hier gibt's einiges zu entdecken: den Aussichtspunkt in Auburg, die Alpakas vom Winklhof, die drei Quellen (Bina, Rott und Zellbach) und die Hofbäckerei Anton Breiteneicher.«

Am wunderschönen Ammersee

Perfekt gelegen im 5-Seen-Land, ist dieser Stellplatz im Obstgarten eines landwirtschaftlichen Betriebs mit Rindern, Schafen, Hühnern, Schweinen und Bienen vorzufinden.

Von hier aus brauchst du nur 5 Minuten zu Fuß zum Ammersee und kannst 7 Kilometer zum Kloster Andechs wandern. Hier kannst du dich optimal in der Natur erholen und der Wanderlust nachgehen!

Haustiere willkommen

€€

>7m

82396 Pähl

Jetzt buchen:

Das sagen andere Camper:

»Schön gelegener Platz, frei wählbare Stellplätze, schöne Aussicht. Seenähe! Ein Supermarkt ist nicht weit entfernt. Uns hat es sehr gut gefallen!«

Tipp von Gastgeber Georg

»Einkehren in der Klosterstube ist ein absolutes Muss – Hier kannst du dich kulinarisch verwöhnen lassen.«

Camping Kochelsee-Wiese

Dieser Stellplatz befindet sich mit Blick auf die Alpen am Rand des Loisach-Kochelseemoores.
Der Hof hat ein dazugehöriges Café mit Ferienwohnungen, nur 10 Gehminuten entfernt. Dort kannst du auch zum Frühstück vorbeikommen.

Die Lage des Stellplatzes eignet sich gut für Wanderungen und Fahrradtouren, da der wunderschöne Kochelsee nur 2 Kilometer entfernt liegt.
Die Kristall-Therme ist in direkter Nähe und optimal, wenn einmal schlechtes Wetter sein sollte.

- Wasser
- Strom
- Toiletten
- Haustiere willkommen

€€

>7m

82431 Kochel am See

Jetzt buchen:

Tipp von Gastgeber Nikolaus:
»Das Tiny Soul Café und Deli eignet sich perfekt, wenn der kleine Hunger kommt.«

Das sagen andere Camper:
»Ein sehr toller Platz. Sehr netter Gastgeber. Mit dem Fahrrad waren es ca. 10 Minuten zum Kochelsee.«

Aussicht in Buchet

Erlebe einen wunderschönen Blick in die Natur.

Im Hofladen findest du leckere Wurst- und Käsespezialitäten. Der dazugehörige Gasthof besitzt eine Terrasse, von der aus du eine tolle Aussicht in die Natur genießen kannst.

In näherer Umgebung befinden sich schöne Wanderwege durch einen Wildpark, die zu einem erholsamen Aufenthalt einladen.
Der Stellplatz befindet sich in der Nähe eines Veranstaltungsstadels. Hier finden freitags/samstags Hochzeitsfeiern bzw. Kulturveranstaltungen statt.

- Toiletten
- Hofladen
- Haustiere willkommen

€€

>7m

94505 Bernried

Jetzt buchen:

Tipp von Gastgeber Thomas:
»Schau dir unbedingt mal das Schloss Egg an! Anschließend gibt es das beste Eis in der Eisdiele Fontanella in Metten.«

Das sagen andere Camper:
»Toller Platz und sehr freundliche Gastgeber.«

★★★★★

Camping mit Panoramablick

Mit herrlichem Blick auf die Ammergauer Alpen kannst du entscheiden, ob du lieber einen Stellplatz auf der malerischen Wiese oder auf dem befestigten Schotterplatz buchen möchtest.

Einkaufsmöglichkeiten findest du in den Nachbarorten Bernbeuren und Lechbruch. In circa 20 Autominuten erreichst du die Königsschlösser Neuschwanstein und Hohenschwangau sowie das malerische Füssen.

Die Umgebung lädt zum Wandern und E-Biken ein. Entdecke die Schönheit der Landschaft und erkunde die Umgebung!

Wasser

Strom

€

>7m

86975 Bernbeuren

Jetzt buchen:

Tipp von Gastgeber Michael:
»Gutbürgerliche Küche findest du im Landgasthof 'Sonne' im Nachbarort. Die halbtägige Wanderung zur Feuersteinschlucht ist ein kleines Highlight.«

Das sagen andere Camper:
»Das ist ein absolut schönes Fleckchen Erde. Wir haben uns dort sehr wohlgefühlt und wurden freundlich empfangen. Die Fotos entsprechen absolut der Realität! Wir kommen sicher mal wieder, wenn wir in der Gegend sind.«

Waldgrundstück mit Schaukel

Dieser Stellplatz liegt direkt am Wald und bietet einen schönen Weitblick.

Die Zufahrt führt über einen robusten Feldweg. Der Platz selbst ist groß genug, um dein Auto oder Van/Wohnmobil zu parken und ein Zelt aufzustellen.

Durch den benachbarten Reiterhof reiten von Zeit zu Zeit ein paar Pferde vorbei. Ein paar hundert Meter weiter findest du einen öffentlichen Brunnen. Es erwartet dich ein idyllisches Campingerlebnis. In Alleinlage und ohne Nachbarn.

Das sagen andere Camper:
»Sehr ruhiger Stellplatz mit schönem Ausblick. Hat mir richtig gut gefallen!«

Haustiere willkommen

€

Tipp von Gastgeber Dominik:
»Einkehren in Schuhbauers Oberwirt und Biergarten – das bereust du auf keinen Fall.«

85414 Kirchdorf an der Amper

Jetzt buchen:

Chiemgau erleben

Der Chiemgau verzaubert dich mit einer atemberaubenden Berglandschaft, klaren Seen und einer reichen kulturellen Vielfalt.

Er erstreckt sich in den bayerischen Alpen und ist bekannt für seine spektakuläre Natur. Die Chiemgauer Alpen bieten zahlreiche Wander- und Radwege, die dich durch dichte Wälder, über grüne Almen und zu idyllischen Bergseen führen. Die Gipfel laden zum Bergsteigen und Klettern. Im Winter verwandelt sich die Region in ein Paradies für Wintersportler.

Ein Highlight der Region ist der Chiemsee, welcher 'bayerisches Meer' genannt wird. Hier kannst du eine Bootsfahrt auf dem See unternehmen und die Herreninsel mit dem prächtigen Schloss Herrenchiemsee besichtigen. Dieses Schloss, inspiriert von Versailles, ist ein eindrucksvolles Zeugnis bayerischer Geschichte.

Städte rund um den See

Der Chiemgau ist auch bekannt für seine gemütlichen Dörfer und Städte. Besuche das malerische Prien am Chiemsee, wo du in urigen Gasthäusern die bayerische Küche genießen kannst.
Oder flaniere durch das charmante Rosenheim mit seinen hübschen Plätzen.

Versorge dich vor Ort

Im Chiemgau findest du beinahe täglich Wochen- & Bauernmärkte. Viele Ortschaften veranstalten regelmäßig einen Markt, auf dem du die regionalen Schätze kaufen kannst.

Saisonales Obst und Gemüse, köstliche Spezialitäten, Wurst, Käse und Handgemachtes. Ideal für dein Campingerlebnis, denn so kannst du dich jederzeit selbst versorgen.

Online kannst du herausfinden, welcher Wochenmarkt in deiner Nähe ist. Ein besonderer Tipp: Der Wochenmarkt am Bernauer Rathausplatz in Bernau am Chiemsee, immer donnerstags von 9:00-14:00 Uhr (außer an Feiertagen).

Das solltest du ausprobieren:

- Zwetschgendatschi
- Brezen
- Schweinebraten
- Weißbier

Alle Plätze im Chiemgau entdecken:

Zentral und doch allein

Der befestigte Stellplatz, komplett für sich alleine, liegt im wunderschönen Chiemgau. Feuerholz und Strom erhältst du gegen Aufpreis vor Ort.

Von hier sind es nur 9 Kilometer zur Stadt Wasserburg am Inn, genieße die wundervolle Altstadt und den leichten Flair von Italien.

25 Kilometer brauchst du bis zum Chiemsee, hier kannst du den Chiemgau mit all seinen Bergen bewundern und egal, ob zu Fuß oder auf dem Rad, gemeinsam mit deiner Familie, aktiv werden und die Natur erkunden.

Feuerstelle

Wasser

Haustiere willkommen

€

>7m

83556 Griesstätt

Jetzt buchen:

Tipp von Gastgeber Lorenz:
»Die historische Altstadt Wasserburg ist immer einen Besuch wert. Einfach schlendern und erkunden.«

Das sagen andere Camper:
»Herrlicher Platz! Wunderbarer Hof mit super Spazierweg am Deich. Sehr zuvorkommender Gastgeber. Komme definitiv wieder.«

★★★★★

Spartanisch und einfach schön

Ganz in der Nähe des ältesten Naturschutzgebietes in Bayern, der Eggstätt-Hemhofer Seenplatte, befindet sich dieser Stellplatz. Hier kannst du wandern, Rad fahren, baden und entspannen.
Mit insgesamt 28 Kilometern Rad- und Wanderwegen ist es der perfekte Ausgangspunkt für Touren Richtung Simssee, dem Chiemsee oder in das Naturschutzgebiet.

Der Stellplatz selbst liegt auf einem Kiesweg oder der danebenliegenden Wiese. Der Hofladen versorgt dich mit Produkten, wie beispielsweise Eierlikör, frischen Hühnereiern, Kartoffeln und Spätzle.

- Strom
- Hofladen
- Haustiere willkommen

€

83093 Bad Endorf

Jetzt buchen:

83358 Seebruck

Jetzt buchen:

Panorama über den Chiemsee

Ein perfekter Ausgangspunkt, um die schöne Chiemseeregion und die Alz zu erkunden, ist dieses Plätzchen. Der asphaltierte Stellplatz auf der Südseite des Hofs bietet dir einen herrlichen Ausblick zu dem See und den Bergen.

Außerdem kannst du diverse Zusatzleistungen wie beispielsweise Brötchenservice, Getränkeservice und die Mitbenutzung der Sauna gegen Aufpreis buchen. Dieser Stellplatz wird nur für Erwachsene (ab 15 Jahren) zur Verfügung gestellt. Die nächste Badestelle am Chiemsee ist nur circa 500 Meter entfernt und schnell erreichbar.

- Wasser
- Strom
- Wifi
- Toiletten
- Dusche
- Feuerstelle

€€

>7m

Kreativhof mitten im Allgäu

Dieser Stellplatz befindet sich auf einem nachhaltig bewirtschafteten Bauernhof, hier gibt's so einiges zu entdecken: Kreativangebote, Kleintiere, Schafe und Rinder.

Der Hof ist angesiedelt in der Nähe des Simssees, hier kannst du beim Waldbaden oder Kneippen die Natur genießen.

Der 80 m² große Stellplatz liegt mitten im Grünen und verfügt über einen herrlichen Blick auf die Ratzinger Höhe, umgeben von Kühen und Schafen. Hier kannst du alleine, aber auch mit der ganzen Familie Urlaub machen.

- Wasser
- Strom
- Schmutzwasserentsorgung
- Wifi
- Toiletten
- Dusche
- Feuerstelle

€€€

>7m

83083 Riedering

Jetzt buchen:

Tipp von den Gastgebern Sepp und Sybille:

»Auf unserem Hof gibt es viele Kreativkurse und Angebote, an denen du teilnehmen kannst. Frag uns einfach nach dem Programmheft.«

Bayerischer Wald

Boarisches Lebensg'fühl

Der Bayerische Wald erstreckt sich entlang der deutsch-tschechischen Grenze und ist geprägt von dichten Wäldern, sanften Hügeln und klaren Flüssen.
Dieses Naturparadies bietet zahlreiche Stellplätze, die es Campern ermöglichen, die atemberaubende Umgebung in vollen Zügen zu genießen.

Für Naturliebhaber ist der Bayerische Wald ein wahres Paradies. Wandere auf den gut markierten Pfaden und entdecke die vielfältige Flora und Fauna.
Der Nationalpark Bayerischer Wald beherbergt seltene Tierarten wie Luchse und Auerhühner.

Auch Radfahrer kommen im Bayerischen Wald auf ihre Kosten. Die Region bietet ein Netzwerk von Radwegen, die durch die malerische Landschaft führen.
Mountainbiker können sich auf herausfordernde Trails freuen.

Der höchste Berg

Ein weiteres Highlight ist der Große Arber, der höchste Berg des Bayerischen Waldes. Im Winter verwandelt er sich in ein beliebtes Skigebiet. Aber auch im Sommer bietet er großartige Wandermöglichkeiten und atemberaubende Aussichten.

Die Rauhnächte miterleben

Die Rauhnächte im Bayerischen Wald zwischen dem 21. Dezember und dem 6. Januar sind magisch.

Hexen und Perchten tanzen mit handgeschnitzten Masken, um Geister zu beschwören und zu vertreiben. Ein einzigartiges Spektakel, das Besucher von nah und fern anzieht.

Also: Campingausrüstung einpacken und den Zauber der Rauhnächte in der Natur des Bayerischen Waldes erleben.

Das solltest du ausprobieren:

- Schweinshaxen
- Wild
- Weißwurst
- Ausgezogene

Alle Plätze im Bayerischen Wald entdecken:

Am Pröller

Der Stellplatz befindet sich auf einem 5,5 Hektar großen Grundstück, die Schotterfläche, die du auf den Bildern siehst, ist inzwischen begrünt und nochmal schöner.

Der Bauernhof für Campingmobile und Anhänger bietet dir weite Grünflächen, einen angrenzenden Wald und einen Panoramablick.

Hier hast du die Möglichkeit dich zu erholen, aber auch Neues zu erkunden – wie zum Beispiel Wanderwege, Mountainbike Pfade, den Wald-Wipfel-Weg, das Skidreieck Pröller und die Sommerrodelbahn.

- Wasser
- Strom
- Hofladen
- Haustiere willkommen
- Toiletten
- Dusche
- Wifi

€€

>7m

📍 94379 Sankt Englmar

Jetzt buchen:

Tipp von Gastgeber Sertan:
»Ich empfehle den Berggasthof 'Hinterwies'. Hier kannst du nach einer Wanderung einkehren und ausruhen.«

Zwischen Alpakaweide und Permakultur

Auf dem Einberg, einem Hügel über der Grenzstadt Furth im Wald, befindet sich dieser Stellplatz. Von hier aus kannst du Alpakaweiden, sowie den Permakultur-Garten und den Ort sehen. Du bist in wenigen Minuten zu Fuß bei einem Freibad, 30 Minuten brauchst du bis zum Stadtzentrum.

Du kannst die Tiere des Hofs kennenlernen, auch eine Alpakawanderung kann vereinbart werden. Der Nachbarhof bietet Kutschfahrten an, die ebenfalls auf Nachfrage vereinbart werden. Der Hofladen bietet euch eine Auswahl an Lebensmitteln und natürlich verschiedenste Alpakaprodukte.

- Schmutzwasserentsorgung
- Hofladen
- Haustiere willkommen
- Alpakas vor Ort

€

93437 Furth im Wald

Jetzt buchen:

Tipp von Gastgeberin Daniela:
»Besuche doch einfach den Drachensee und die Drachenhöhle in Furth – ein schöner Ausflug! Oder wie wär's mit der Erlebniswelt Flederwisch?«

Das sagen andere Camper:
»Super tolle Aussicht! Die Wiese liegt wunderschön zwischen Alpakas, Hühnern und Puten. Unser Hund hatte viel zu schauen. Um den Drachensee gab es einen schönen Rundweg.«

★★★★★

Wiese mit Weitblick am Bauernhof

Der Hof befindet sich in Oberprombach, nahe der Stadt Roding, im vorderen Bayerischen Wald.

Der Stellplatz ist auf einer Wiese im Hinterhof des Bauernhofes, neben einer Maschinenhalle. Der Platz ist ruhig gelegen, man kann aber natürlich die Kühe hören, wenn sie frühmorgens und abends gefüttert werden.

Dich erwartet ein toller Weitblick. Es besteht die Möglichkeit von dem Hof aus Wanderungen zu unternehmen, Infos und Broschüren dazu bekommt ihr vor Ort.

Haustiere willkommen

€€

93437 Furth im Wald

Jetzt buchen:

Das sagen andere Camper:

»Herrlicher Platz! Von hier hat man einen traumhaften Blick über die angrenzenden Felder. Ich kann den Platz nur weiterempfehlen.«

★★★★★

Tipp von Gastgeber Tobias:

»Für dein Frühstück im Camper kannst du an der Milchtankstelle im Ort frische Milch zapfen. Fürs' Abendessen solltest du im Restaurant Valentino in Roding Halt machen.«

Vom Wald umrandet in Naturlage

Umrandet von Wald liegt der Stellplatz in absoluter Ruhe. Hier kannst du alles nutzen, wie die tolle Liegewiese, eine Kneipp-Anlage, den Streichelzoo sowie Ponys besuchen.

Ein großer Erlebnisspielplatz sowie ein Spielhaus mit Räuberhöhle ist ebenfalls vor Ort.

Im Biergarten kannst du etwas zum Genießen finden und zum Frühstücken am Morgen vorbeikommen. Von hier aus kannst du direkt mit dem Rad schöne Touren unternehmen oder auch wandern. In Eppenschlag bietet sich ein Besuch im Bikepark an.

- Wasser
- Toiletten
- Feuerstelle
- Haustiere willkommen

€€

>7m

94536 Eppenschlag

Jetzt buchen:

Tipp von Gastgeber Josef:
»Besonders Familien werden den Naturerlebnispfad Spiegelau lieben, ebenso den Aussichtsturm Spiegelau-Oberkreuzberg.«

Das sagen andere Camper:
»Schöner Platz. Sehr ruhig. Saubere Sanitäranlagen. Prima Frühstück im Gasthof.«

★★★★★

Franken

Auf ins Frankenland

Du hast Franken erreicht, eine Region in Bayern, die mit ihrer landschaftlichen Schönheit, ihrer Geschichte und ihren kulinarischen Genüssen begeistert. Ober-, Unter- und Mittelfranken bieten gleichermaßen ideale Ziele für Outdoor-Enthusiasten und Kulturinteressierte.

Die fränkische Weinregion ist weltberühmt und du kannst zahlreiche Weingüter besuchen, um die köstlichen fränkischen Weine zu probieren. Der Bocksbeutel, die traditionelle Weinflaschenform, ist ein Symbol für die Region.

Franken bietet auch zahlreiche Möglichkeiten für Outdoor-Aktivitäten. Wandere entlang des Fränkischen Marienwegs oder radle entlang des Main-Radwegs, um die reizvolle Natur zu erleben.

Ein Trip in die Stadt

Die Städte Würzburg, Bamberg und Nürnberg sind reich an kulturellen Schätzen.

In Würzburg kannst du die Residenz, ein UNESCO-Weltkulturerbe, besichtigen. In Stadtnähe gibt es außerdem die Festung Marienberg und das 'Käppele' zu besichtigen. Ein Besuch auf der 'Alten Mainbrücke wird dir gefallen. Dort trifft sich Alt und Jung für einen gemütlichen Schoppen mit Blick auf die Festung.

In Bamberg die gut erhaltene Altstadt, die ebenfalls zum UNESCO-Weltkulturerbe gehört. Nürnberg lockt mit seiner Geschichte, darunter die Kaiserburg und das Reichsparteitagsgelände.

Wein- und Lichterfest

Im Frühjahr und Sommer solltest du unbedingt eines der zahlreichen Weinfeste der Region besuchen. Beinahe jede Ortschaft hat ein eigenes Weinfest, sodass immer eine andere Veranstaltung stattfindet.

Im Winter gibt es berühmte Weihnachtsmärkte, wie beispielsweise den Christkindlmarkt in Nürnberg oder den Weihnachtsmarkt in der schönen Altstadt von Rothenburg ob der Tauber.

Ein besonderes Highlight ist auch die Lichterprozession in der Fränkischen Schweiz. Diese findet jährlich im Januar in Pottenstein statt.

Das solltest du ausprobieren:

- Nürnberger Bratwurst
- Sauerkraut
- Sauerbraten
- Schäufele
- Silvaner

Alle Plätze in Franken entdecken:

Streuobstwiese Fränkische Schweiz

In einem Streuobstgarten in Ortsrandlage findest du diesen Stellplatz. Er befindet sich in der Nähe von Heiligenstadt in Oberfranken – eine wunderschöne Wandergegend mit zahlreichen kleinen Brauereien und viel Natur.

Die Fränkische Schweiz ist ideal, um sportlich aktiv zu werden und die vielfältige Natur zu erleben. In der Nähe findet man unter anderem: das Trockental der 'Tummler', den Badesee in Heiligenstadt, Schloss Greifenstein und verschiedene Mountainbiketouren.

Das sagen andere Camper:

»Schöner ruhiger Platz im Obstgarten am Rand eines kleinen Dorfes. Aus unserer Sicht sehr zu empfehlen.«

★★★★★

Haustiere willkommen

€

>7m

91332 Heiligenstadt im Oberfranken

Jetzt buchen:

Tipp von Gastgeberin Marianne:

»Schau mal in der Brauerei Grasser und der Karstquelle vorbei. Im Kletterwald Veilbronn oder im Leidingshofer Tal ist es auch schön.«

Weitblick in der Frankenpfalz

Der Stellplatz befindet sich auf einer kleinen Waldschneise am Fuße des Zantbergs, hier kannst du in absoluter Ruhe die Seele baumeln lassen.

Der Stellplatz liegt etwa 500 Meter außerhalb des kleinen Dorfes. Allrad ist von Vorteil, aber bei trockenem Wetter nicht zwingend erforderlich. Der Blick reicht bis zum 'Holzberg' mit seinen Felsentoren und bis hin zur Burg Hohenstein und noch darüber hinaus.

Innerhalb von 15 Minuten lassen sich einige Kletterfelsen erreichen. Bei Interesse kannst du auch den dazugehörigen Biohof mit Mutterkuhhaltung und Schafherde erkunden!

Hofladen

Haustiere willkommen

€

92275 Hirschbach

Jetzt buchen:

Das sagen andere Camper:
»Schöner ruhiger Platz. Bis auf Hasen und verschiedene Spechte haben wir niemanden sonst gesehen.«

★★★★★

Tipp von Gastgeber Norbert:
»Nur 400 Meter vom Stellplatz entfernt befindet sich ein Kletterfelsen. Bei der 'Lindenwirtin' schmeckt's immer.«

Auf der Obstwiese mit Probierstube

Mitten im Grünen, auf einer Obstwiese hinter der Probierstube befindet sich dieser idyllische Platz. Er ist ebenerdig zu befahren, ruhig und abgelegen.

Gerne kannst du in der angrenzenden Probierstube Brände, Geiste und Liköre verkosten und käuflich erwerben. Der Stellplatz dient als perfekter Startpunkt für Mountainbike-Touren und Wanderungen. (Es gibt sehr viele Strecken; richtig tolle Wanderregion). Den nahegelegenen Wildpark kannst du zu Fuß erreichen. Ideal auch mit Kindern.

- Hofladen
- Haustiere willkommen
- Wifi

€

>7m

91349 Egloffstein

Jetzt buchen:

Katies Farmhouse - Grüne Oase

Der Stellplatz liegt am Ortsrand von Haag, mitten im wunderschönen Naturpark Steigerwald. Von hier aus kannst du Pferde und ggf. Kühe beobachten.

Hier kannst du bei einem Spaziergang die hügelige Naturlandschaft genießen, im Winter je nach Wetterlage auch Schlitten fahren und dich auf dem dazugehörigen Reiterhof aufhalten. Dort können geübte Reiter einen Ausritt buchen, Kinder können Unterricht nehmen und du kannst mit einem Pony spazieren gehen.

Im Nachbarort erwartet dich ein Wirtshaus, in dem du dir die fränkische Küche schmecken lassen kannst.

- Wasser
- Strom
- Feuerstelle
- Haustiere willkommen
- Wifi

€€

>7m

Abseits vom stressigen Alltag

Mitten in der Natur, umgeben von Wäldern, Bächen, Wiesen und Feldern, erwartet dich mit allerlei Freizeitaktivitäten dieser gemütliche Stellplatz.

Hier, im Frankenwald, kannst du das Staatsbad Bad Steben mit Restaurants, Geschäften, einer Therme und Spielkasino besuchen, aber auch sportlich aktiv werden.

Egal ob Radfahren, Wandern, Kanufahren oder ein Ausflug an Deutschlands größten Stausee – hier ist für jeden was dabei.

Feuerstelle

€

>7m

95138 Bad Steben

Jetzt buchen:

Das sagen andere Camper:

»Der Untergrund des Stellplatzes ist eine überwiegend ebene Wiese – Keile sind nicht zwingend erforderlich. Was für ein wunderschöner Platz! Man steht ruhig und abgelegen in der Natur direkt am Wasser. Der Platz ist super hergerichtet. Egal ob man aktiv sein oder entspannen will – hier hat man die Qual der Wahl. Der Stellplatz ist eine absolute Empfehlung!«

★★★★★

Tipp von Gastgeberin Jana:

»Hier liegt die größte Talsperre Deutschlands vor deiner Campertüre. Bestaune die Bleilochtalsperre, hier kannst du einiges erleben.«

Phantastischer Weitblick

Der Stellplatz liegt in völliger Alleinlage oberhalb einer Wiese, unter Bäumen und bietet einen wahnsinnigen Ausblick mit den schönsten Sonnenuntergängen, die man sich nur vorstellen kann.

Die Zufahrt ist für Wohnmobil und Camper geeignet, die Fläche ist an sich gerade und eben. Ein Bikepark in Schönaich steht kostenlos zur Verfügung.

In der näheren Umgebung erwarten dich: das Steigerwaldzentrum, die Kapelle 'Hörnla' auf dem Weinberg, die Burgruine Stollburg und zahlreiche Gasthäuser in Ebrach.

Haustiere willkommen

€

>7m

97516 Schönaich

Jetzt buchen:

Tipp von Gastgeber Udo:

»Als Ausflug bietet sich der nahegelegene Baumwipfelpfad in Ebrach an. Die Hofkäserei Zehner kann ich dir nur ans Herz legen. Auch Schloss Altenschönbach ist echt sehenswert.«

Das sagen andere Camper:

»Toller Standplatz mit wunderbarem Blick und weitab von allem! Dazu ein bemühter und hilfsbereiter Vermieter! Was will man mehr – ganz klare Empfehlung!«

★★★★★

Unter dem Sternenhimmel

Hier ist der perfekte Platz, wenn du die Natur liebst und dem Alltag und allen sozialen Medien entfliehen möchtest (kein Handyempfang).

Du stehst hier direkt am Wald auf einer schönen Wiese. Wenn das Lagerfeuer am Abend brennt, kannst du abschalten und die Seele einfach baumeln lassen und den Sternenhimmel betrachten.
Es ist ein guter Ort zum Klettern, Wandern, Biken oder auch nur zum Erholen.

In Pottenstein gibt es eine Sommerrodelbahn, Wallfahrtskirchen, Falknerei usw. Frage uns gerne nach weiteren Ausflugszielen.

>7m

Feuerstelle

Haustiere willkommen

€

Das sagen andere Camper:

»Einfach genial! Weiterempfehlung.«

★★★★★

91286 Obertrubach

Jetzt buchen:

In freier Natur am Weiher

Du kannst wählen, ob du lieber auf der Wiese oder an einem der Weiher übernachten möchtest. Drumherum nur Natur und Wald – hier hast du eine wunderschöne Aussicht auf Wiesen, Felder und Wälder.

Der Stellplatz liegt direkt am Haidenaab-Radweg und in näherer Umgebung findest du ein Naturschwimmbad.

Die nächste Einkaufsmöglichkeit liegt in Speichersdorf und auch weitere Ausflugstipps sind gut erreichbar, beispielsweise: Auf dem rauen Kulm, Heimat von Rosenthal Porzellan. Zu den Öffnungszeiten der Gaststätte kannst du auch alle Annehmlichkeiten nutzen oder gerne bei uns einkehren.

Haustiere willkommen

€

>7m

95469 Speichersdorf

Jetzt buchen:

Das sagen andere Camper:

»Alles Prima!«

Traumhafte Natur

Der Stellplatz befindet sich in ruhiger Lage auf einer großen grünen Wiese in unmittelbarer Nähe eines Bauernhofes. Hier gibt es auch einen befestigten Stellplatz, der im Winter und bei schlechter Witterung zur Verfügung steht.

Die Ortschaft Parkstein liegt 4 Kilometer entfernt und begeistert mit dem schönsten Basaltkegel Europas. Eine Wanderung oder Fahrradtour in die faszinierende Natur lohnt sich.

Das sagen andere Camper:
»Sehr schöner, ruhiger Platz mit herrlichem Weitblick.«
★★★★★

- Wasser
- Strom
- Schmutzwasserentsorgung
- Waschmaschine
- Toiletten
- Dusche
- Feuerstelle
- Wifi
- Haustiere willkommen

€€

>7m

Tipp von Gastgeber Christian:
»Der schönste Basaltkegel Europas befindet sich direkt vor unserer Haustür. Ebenso ist das Vulkanerlebnis Parkstein einen Besuch wert.«

92665 Kirchendemenreuth

Jetzt buchen:

97516 Oberschwarzach

Jetzt buchen:

Panoramablick am alten Weinberg

Dieser Stellplatz hat eine idyllische Lage und bietet dir einen wahnsinnigen Ausblick über Felder und Wiesen – hier kannst du die schönsten Sonnenuntergänge beobachten!

Der Stellplatz liegt oberhalb einer kleinen Streuobstwiese. In der näheren Umgebung erwarten dich folgende Attraktionen: die Burgruine Stollburg, zahlreiche Gasthäuser, der Naturpark Steigerwald, eine beeindruckende Kirche und vieles mehr.

Ein wenig weiter entfernt, lässt sich das Fränkische Weinland um den Schwanberg und der Mainschleife herum sowie Volkach erkunden.

Haustiere willkommen

€

Tipp von Gastgeberin Rosi:

»Einen Katzensprung entfernt befindet sich das Naturbad Ebrach, perfekt für heiße Sommertage. Das Steigerwaldzentrum bringt dir die Region näher.«

97337 Dettelbach

Jetzt buchen:

Hoch oben am Weinberg 4x4

Der Platz eignet sich nur für Fahrzeuge mit Allradantrieb, da die Zufahrt über ein steiles, kurzes Wiesenstück führt, das für normale Wohnmobile nicht zu bewältigen ist. Zelte jeglicher Größe gehen natürlich. Deinen PKW kannst du in diesem Fall am dazugehörigen Anwesen parken.

Der Stellplatz befindet sich auf einer kleinen Wiese an einem alten Weinberg, hier kannst du in absoluter Alleinlage einen wunderschönen Blick auf den Schwanberg und den Steigerwald genießen.

Wasser

Haustiere willkommen

€

Tipp von Gastgeber Stefan:

»In der Nähe gibt es schöne Badeseen, wer mag kann natürlich auch einfach im Main baden gehen.«

Weinbergplatz mit Frankenland-Blick

Auf einem Weingut, umgeben von Weinbergen, versteckt sich dieser idyllische Stellplatz.

Du kannst den Sonnenuntergang auf dem Schwanberg, einem der markantesten Wahrzeichen der Region, genießen und dich von den Farben der Natur beeindrucken lassen.

Im Umland erwarten dich viele Unternehmungen: Zwei Aussichtspunkte (Terroir f), Minigolf, Mountainbike Trails, Wanderwege, Gastronomie, Knauf Museum, Kneippanlage, Spielplatz am Schlossberg, Dorfmuseum und vieles mehr!

Wasser

Haustiere willkommen

Hofladen

€

>7m

97348 Rödelsee

Jetzt buchen:

Tipp von den Gastgebern Andre und Silke:

»Jährlich finden in Rödelsee Weinfest (Ende Juni) und Weihnachtsmarkt statt. Beides ist in der ganzen Region sehr beliebt und lockt unzählige Besucher an.«

Das sagen andere Camper:

»Wirklich toller Stellplatz mitten in den Weinbergen. Nette Gastgeber. Ein traumhaft schöner Sonnenuntergang. Wir haben unseren Aufenthalt genossen und kommen bestimmt wieder.«

★★★★★

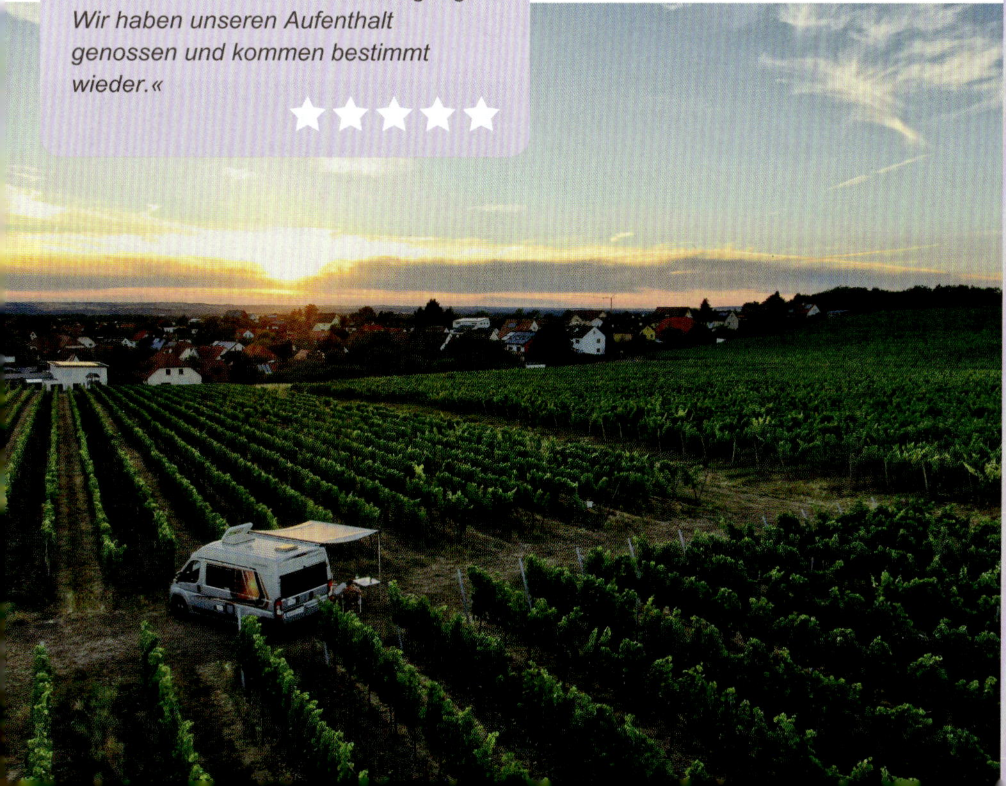

Thalmannsfelder Weiher

Der Stellplatz liegt etwas versteckt, aber dennoch gut erreichbar an einem kleinen Weiher zwischen Bergen und Thalmannsfeld.

Ein gut ausgebauter Feldweg führt von einer Nebenstraße direkt dorthin.
Auf dem Weg besteht die Möglichkeit am 'Honighäusle' Honig vom Imker zu kaufen oder sich in der Felsenbrauerei mit gutem fränkischen Bier einzudecken.

Das sagen andere Camper:
»Alles wie beschrieben. Sehr nett gelegen und absolut ruhig. Genau richtig zum Abschalten. Finde ich gut, dass der Tourismusverein Campern diese Möglichkeit bietet. Bitte weiter so.«

★★★★★

91790 Bergen

Jetzt buchen:

€

Tipp der Gastgeber-Gemeinde:
»In der Alten Hammerschmiede finden regelmäßig Schmiedekurse statt – Das ist ein echtes Erlebnis. Empfehlenswerte Gaststätten wären der Landgasthof Syburg und das Gasthaus Heustadl. Zudem kannst du der Brauerei Thalmannsfeld einen Besuch abstatten!«

Rhön

Naturpark im Dreiländereck

Willkommen in der Rhön, einer zauberhaften Region, die sich im Dreiländereck von Bayern, Hessen und Thüringen erstreckt. Die Rhön ist ein beliebtes Ziel für Naturliebhaber und Camper, die die Schönheit und Ruhe der deutschen Landschaft erleben möchten.

Die Rhön zeichnet sich durch ihre einzigartige Mittelgebirgslandschaft aus, welche von sanften Hügeln und weiten Wiesen geprägt ist. Die Region ist Teil des UNESCO-Biosphärenreservats, was ihre Bedeutung für den Naturschutz hervorhebt.
Hier kann man die Natur in ihrer vollen Pracht erleben. Die Rhön bietet zahlreiche Wander- und Radwege, die sich perfekt für Outdoor-Aktivitäten eignen.

Egal, ob du gemütliche Spaziergänge suchst oder anspruchsvolle Bergwanderungen bevorzugst, die Rhön hat für jeden etwas zu bieten. Die Wasserkuppe, der höchste Berg der Rhön, ist ein Paradies für Gleitschirmflieger und bietet spektakuläre Aussichten.

Kulturelle Schätze

Die Rhön ist auch reich an kulturellen Schätzen. Besuche die Stadt Fulda mit ihrer prächtigen Barock-Architektur und dem beeindruckenden Dom.

Nach den Sternen greifen:

Wer die Schönheit des nächtlichen Himmels in seiner ganzen Pracht erleben möchte, sollte unbedingt die Sternenparkwochen in der Rhön besuchen.

Diese jährliche Veranstaltung wird in enger Zusammenarbeit zwischen dem UNESCO-Biosphärenreservat und dem Sternenpark Rhön e.V. organisiert.

Die Sternenparkwochen bieten ein abwechslungsreiches Programm von inspirierenden Sternenparkführungen bis hin zu spannenden Vorträgen und Workshops. Hier kann man die Magie des Nachthimmels hautnah erleben.

Das solltest du ausprobieren:

- Rhöner Weckbraten
- Rhöner Kloß
- Zwibbelsploatz

Alle Plätze in der Rhön entdecken:

Sinngrund in der Rhön

Hier campst du mit direkter Lage an der Sinn auf einem schönen ebenen Naturstellplatz, welcher sich ruhig gelegen inmitten der Natur befindet.

Die Sinn ist der größte Nebenfluss der Fränkischen Saale in den deutschen Bundesländern Bayern und Hessen. Sie entspringt in der Rhön und fließt überwiegend nach Süden.

Hier hast du einen direkten Zugang zu den Wanderwegen der Rhön. Auch das Grillen ist hier möglich. Genieße die Ruhe und Abgeschiedenheit.

Haustiere willkommen

€€

97792 Riedenberg

Jetzt buchen:

Das sagen andere Camper:

»Toller Stellplatz am Waldrand direkt an der Sinn gelegen. Der Platz war gemäht und ist schön gerade, dass wir keine Keile brauchten. Wer die Ruhe und Stille sucht, ist hier genau richtig. Wir haben uns sehr wohlgefühlt.«

★★★★★

Tipp von Gastgeber Lukas:

»Besuche doch einfach mal das Berghaus Rhön oder den Schaustollen 'Grube Marie'. Wenn du Lust hast, könntest du auch die Felsformation im Römershager Forst Nord besichtigen.«

Auf der Obstwiese mit Rundblick

Der Stellplatz befindet sich auf einer idyllischen Obstwiese in Ortsrandlage oberhalb der Laibach. Hier kannst du deinen Tag beim Plätschern der Laibach und mit Ausblick auf die umliegende Natur ausklingen lassen.

Thulba liegt im Thulbatal in der Vorrhön. Von der Obstwiese aus können also direkt ausgiebige Wanderungen und Radtouren unternommen werden – wichtige Stationen der Rhön, wie z. B. der Kreuzberg, sind durch eine kurze Autofahrt erreichbar.
In Thulba gibt es einen Wakepark, dort könnt ihr euch auspowern oder den Trubel auf dem See vom Ufer aus mit einem kühlen Bierchen der Gaststätte beobachten.

Feuerstelle

Haustiere willkommen

€

>7m

97723 Oberthulba

Jetzt buchen:

Tipp von Gastgeberin Eva:
»Auf dem Panoramaweg kann man super schöne Aussichten und absolute Ruhe genießen. Der Weg ist landschaftlich sehr abwechslungsreich und gibt einen schönen Einblick in die Umgebung. Zum Schlemmen empfehle ich den Forellenhof in Diebach und die Kloster-Gastronomie am Kreuzberg.«

Das sagen andere Camper:
»Super nette Gastgeber und ein schöner Stellplatz sogar mit Feuerstelle. Für alle, die gerne direkt in der Natur stehen wollen, ein echter Geheimtipp. Komme sicher wieder mal vorbei.«

★★★★★

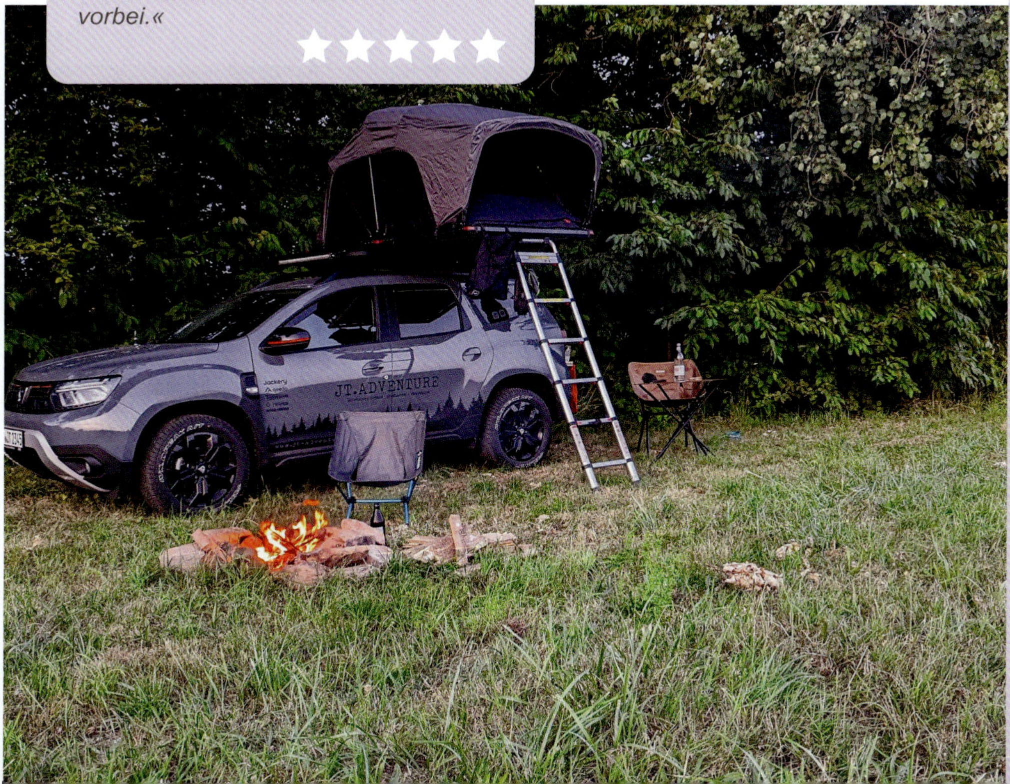

Zur Landliebe

An einer Obstbaumwiese in Gressthal liegt dieser schöne Stellplatz.

Am Ortsrand des schönen fränkischen Dorfes Gressthal, gibt es gleich mehrere Stellplätze. Die Stellplätze sind sehr gut geeignet für eine Zwischenübernachtung. Super Anbindung zur Autobahn A7, Ausfahrt Wasserlosen.
Eine Bäckerei, eine Tankstelle und eine Metzgerei liegen in direkter Umgebung.

Auf Wunsch kann dir eine Feuerschale zur Verfügung gestellt werden.

- Wasser
- Strom
- Feuerstelle
- Haustiere willkommen

€€

>7m

Tipp von Gastgeber Michael:
»In unserem Sportheim gibt's ein köstliches griechisches Restaurant. Versorge dich mit Waren aus der Dorf-Metzgerei.«

97772 Wildflecken

Jetzt buchen:

Stellplatz am Auersberg

Die Ruhe auf dem Bauernhof wirst du lieben. Die Rhön wird als das 'Land der offenen Fernen' bezeichnet.

Einen großartigen Ausblick in das Tal der Sinn und der Blick zum 930 Meter hohen Kreuzberg wird dich begeistern. Grandios ist auch der Sternenhimmel und die Stille der Natur.

Der Stellplatz liegt circa 2 Kilometer von der Ortschaft Wildflecken entfernt.

Am Kreuzberg kannst du eines der besten Biere Deutschlands kosten.

- Wasser
- Strom
- Schmutzwasserentsorgung
- Haustiere willkommen

€

>7m

Tipp von Gastgeber Helmut:
»Sehr gutes Essen kannst du auf der Kissinger Hütte bestellen. Das Würzburger Haus ist ebenso eine gute Adresse.«

Spessart

Wandertraum Spessart

Der Spessart, in Bayern und Hessen gelegen, ist ein zauberhaftes Mittelgebirge und Waldgebiet und die Heimat von Mythen und Märchen.

Zahlreiche gut markierte Wanderwege schlängeln sich durch die üppige Vegetation und führen zu versteckten Wasserfällen, malerischen Aussichtspunkten und historischen Sehenswürdigkeiten.

Der Spessartwald ist reich an Mythen und Sagen. Die Brüder Grimm haben einige ihrer berühmtesten Märchen in dieser Region verewigt. Besuche das Spessartmuseum in Lohr am Main, um mehr über die Verbindung von Märchen und Realität zu erfahren.

Der Spessart ist ein ideales Reiseziel für Naturliebhaber, Wanderer und Geschichts-Enthusiasten. Entdecke die Magie des Spessartwaldes, lass dich von den Märchen verzaubern und genieße die reiche Kultur und Geschichte dieser Region.

Fachwerkhäuser mit Charme

Die Städte und Dörfer im Spessart sind geprägt von Fachwerkhäusern und einer herzlichen Atmosphäre. Entdecke den charmanten Miltenberg mit seinen historischen Gassen oder das mittelalterliche Aschaffenburg mit dem Schloss Johannisburg.

Räuberabende

Um die sogenannten Spessart-Räuber spinnen sich zahlreiche Legenden und Mythen.
Es gibt verschiedene Touren und Veranstaltungen, die sich auf die Wege der Räuber begeben. Beispielsweise wird man plötzlich während einer Führung durch den Wald von den 'Räubern' überfallen.

Ebenso sind die Räuberabende in vielen Wirtshäusern des Spessarts Tradition. Dort werden die Gäste von historisch gekleideten Räubern auf eine Reise in die Vergangenheit mitgenommen. Es erwartet dich eine Mischung aus Gesang, Musik und Schauspiel.

Das solltest du ausprobieren:

- Grüne Bohnensuppe
- Kartoffelküchlein
- Kartoffelgemüse
- Lakefleisch

Alle Plätze im Spessart entdecken:

Zwischen den Weinbergen

Die Stellplätze befinden sich auf einer Streuobstwiese zwischen 2 Weinbergen. Hier hast du freien Blick bis weit in die Weinberge und teilweise bis Würzburg.

Unten am Weingut befindet sich das dazugehörige Landgasthaus, in welchem du fränkische und internationale Küche genießen kannst.

Die Gegend bietet einige schöne kurze und längere Wanderungen. Auch Fahrradtouren sind hier gut möglich, lohnenswerte Ziele sind dabei Würzburg, der Maintalradweg, ein Rundweg über Erlabrunn und Karlstadt.

- Schmutzwasserentsorgung
- Wasser
- Toiletten
- Dusche
- Feuerstelle
- Hofladen
- Haustiere willkommen

€

>7m

97291 Thüngersheim

Jetzt buchen:

Tipp von Gastgeber Jürgen:
»Natürlich empfehle ich die Gastronomie und Weine des Weinguts. An heißen Tagen lohnt sich ein Ausflug ins Freibad Thüngersheim.«

In den Weinbergen an der Ruine

Auf einem kleinen Familienweingut im Zentrum des Weinortes Gössenheim, liegt dieser Stellplatz.

Hier kannst du die Schönheit der Region entdecken und erstklassige Weine genießen. Das Weingut befindet sich in der Nähe der Burgruine Homburg, die steilen und steinigen Hänge am Rande des Naturschutzgebietes Ruine Homburg bieten optimale Bedingungen für den Anbau der Reben.

Hier findest du echte hausgemachte Frankenweine, Schnäpse, Liköre, Sekt und Secco. Lass dich von dem vielfältigen Angebot begeistern und besuche die dazugehörige Vinothek, um die regionalen Weine zu probieren!

Das sagen andere Camper:
»Herrlicher Stellplatz mitten im Weinberg mit weitem Blick oberhalb der Apfelplantage. Sehr netter Gastgeber. Wir haben uns sehr wohlgefühlt.«

★★★★★

Hofladen

Haustiere willkommen

€

>7m

97780 Gössenheim

Jetzt buchen:

Tipp von Gastgeber Johannes:
»Vom Stellplatz aus kommst du in wenigen Gehminuten zur Burgruine Homburg.«

97753 Karlstadt-Rettersbach

Jetzt buchen:

Obstwiese am fränkischen Marienweg

Dieser Naturstellplatz liegt auf einer idyllischen Streuobstwiese, welche zu einem landwirtschaftlichen Biobetrieb gehört.

Entdecke die Schönheit der Natur und unternehme erholsame Wanderungen oder Fahrradtouren. Der Fränkische Marienweg führt dich durch malerische Landschaften und vorbei an Kuhweiden.

Die Produkte des Biobetriebs kannst du direkt am Hof erwerben – genieße die Qualität, den Geschmack und lasse dich von der regionalen Küche begeistern!

Haustiere willkommen

€

>7m

Tipp von Gastgeber Mario:
»Mit dem Rad solltest du bei dem Rohrbacher Kirchle oder der Gertruden-Kapelle bei Waldzell vorbeischauen!«

Stellplatz an der Klostermauer

Angrenzend direkt an die historische Klosterkirche Frauenroth liegt dieser Stellplatz.

Umgeben von einer malerischen Streuobstwiese befindet sich dieser Platz inmitten unberührter Natur, die zum Wandern und Entdecken einlädt.

Nur 10 Kilometer entfernt befindet sich der sagenumwobene Kreuzberg. Dieser Stellplatz ist ein Ort der Ruhe, an dem man die Verbundenheit mit der Natur und der Geschichte spürt.

Haustiere willkommen

€

Tipp von Gastgeber Mike:
»Die Museen in Schloss Aschach sind wirklich sehr interessant. Wenn du gerne wanderst, kann ich dir die Wasserwege ans Herz legen.«

Auszeit auf der fränkischen Platte

Hier stehst du auf einem naturbelassenen Stellplatz außerhalb von Waldzell auf der fränkischen Platte. Hier findest du Ruhe und viel Platz zum Austoben oder einfach nur zum Entspannen.

Je nach Jahreszeit kannst du dir von den ungespritzten Früchten der Obstbäume einen kleinen Snack gönnen.

Vom Stellplatz aus kannst du eine kleine Wanderung zur idyllisch im Wald gelegenen Gertrudenkapelle unternehmen.

Mit dem Auto erreichst du in ungefähr 15 Minuten die reizvollen Städte Karlstadt, Marktheidenfeld und Lohr am Main.

Das sagen andere Camper:
»Wir können den Platz zu 100 % weiterempfehlen.«

★★★★★

Haustiere willkommen

€

97854 Steinfeld

Jetzt buchen:

Tipp von Gastgeberin Anna:
»Bierfans aufgepasst: Schaut mal in der Hausbrauerei 'Höpfl' vorbei!«

Spessart nahe der Drei-Flüsse-Stadt

Am Zollberg gelegen, bietet sich hier eine wunderschöne Aussicht aufs Maintal. In der näheren Umgebung des Stellplatzes gibt es Streuobstwiesen und Eichenwälder.

Der Stellplatz liegt in der fränkischen Dreiflüssestadt, wo sich Saale-Sinn-Main vereinigen. Es ist der perfekte Ausgangspunkt für den Rhön-Sinntal-Radweg oder den neuen Wern-Radweg. Auch einige Etappen des Main-Radweges kann man von hier aus starten. Wer gerne mit dem Kayak oder SUP unterwegs ist, für den ist das Gebiet um Sinn und Saale von besonderem Reiz. Auch Gemünden selbst hat einiges zu bieten, wie die Burgruine Scherenburg und die pittoreske Altstadt.

Das sagen andere Camper:

»Schöner, ruhiger Stellplatz mit Sicht ins Tal und auf den Main. Zufahrt über Feldwege und gut erreichbar. Werde sicher wiederkommen.«

★★★★★

Haustiere willkommen

€

>7m

97737 Gemünden

Jetzt buchen:

Tipp von Gastgeber Lukas:

»Die besten Brötchen in Stellplätznähe gibt's in der Bäckerei Rüb. Als Wanderziel empfehle ich die Ruine Scherenburg.«

Baden-Württemberg

Inseln und Nationalparks

Die Möglichkeiten, Baden-Württemberg zu entdecken, sind schier unerschöpflich. Für Naturliebhaber sind die Schwarzwaldhügel ein wahres Paradies. Die sanften Hügel und dichten Wälder laden zu ausgedehnten Wanderungen ein.

Der Bodensee, einer der größten Seen Europas, ist ein weiteres Highlight für Naturliebhaber.
Die Ufer des Sees sind gesäumt von malerischen Städten wie Konstanz und Friedrichshafen, die mit ihrer maritimen Atmosphäre und ihren historischen Sehenswürdigkeiten bezaubern. Die Blumeninsel Mainau, mit ihren üppigen Gärten und exotischen Pflanzen, ist ein wahres Paradies für Botanikliebhaber. Auch Weinliebhaber werden in Baden-Württemberg Anklang finden: der Kaiserstuhl ist berühmt für seine exzellenten Weine und bietet zahlreiche Weingüter, die Verköstigungen und Führungen anbieten.

Kulturelle Erlebnisreise

Baden-Württemberg hat auch kulturell einiges zu bieten. Das Schloss Heidelberg, das hoch über dem Neckar thront, ist ein beeindruckendes Zeugnis der Geschichte. Die romantische Ruine fasziniert mit ihrer märchenhaften Aura und bietet einen atemberaubenden Ausblick auf die Stadt Heidelberg.
Für kulturelle Entdeckungen bieten sich die Städte in Baden-Württemberg an. Freiburg, mit seinem mittelalterlichen Charme, ist eine Stadt, die Geschichte und Moderne auf einzigartige Weise verbindet.

Die historische Altstadt mit ihren verwinkelten Gassen und gotischen Bauten lädt zum Flanieren ein, während das Münster mit seinem imposanten Turm eine beeindruckende Kulisse bietet. In Freiburg triffst du auf eine lebendige Kulturszene, die von Theatern über Museen bis hin zu modernen Galerien reicht.

Wir empfehlen folgende Regionen:

- Bodensee
- Schwarzwald
- Schwäbische Alb
- Allgäu

Bodensee

Das Schwäbische Meer

Der Bodensee, in Deutschland, Österreich und der Schweiz gelegen, ist einer der größten Seen Europas und wird oft als 'Schwäbisches Meer' bezeichnet. Sein kristallklares Wasser, die malerischen Ufer und die umliegenden Alpen machen ihn zu einem Paradies für Naturliebhaber und Erholungssuchende.

Der Bodensee bietet zahlreiche Wassersportmöglichkeiten. Du kannst segeln, windsurfen, schwimmen und tauchen. Oder miete ein Boot und erkunde die Inseln im See, wie die Blumeninsel Mainau oder die historische Insel Reichenau.

Charmante Städte

Die Ufer des Bodensees sind gesäumt von charmanten Städten und Dörfern. Besuche die historische Stadt Konstanz mit ihrer beeindruckenden Altstadt und dem Münster.
Weitere Städte, die mit wunderschönen Uferpromenaden und Häfen locken, sind Bregenz, Friedrichshafen, Lindau und Radolfzell.

Feuerwerk am See

Das Hausherrenfest in Radolfzell findet alljährlich am dritten Sonntag im Juli statt. Der Hausherrensonntag endet mit einem großen Feuerwerk am See und läutet den Hausherrenmontag ein – dem Höhepunkt der Veranstaltung: Die Mooser Wasserprozession.
Lass dich von blumengeschmückten Booten verzaubern, die frühmorgens um 8 Uhr über den Bodensee rudern.

Das Fest wird mit einem bunten Programm für Jung und Alt gefeiert. Konzerte, Kinderprogramm und kulinarische Köstlichkeiten erwarten dich.

Das solltest du ausprobieren:

- Bodensee-Felchen
- Zwiebelrostbraten
- Dünnele
- Wähen

Alle Plätze am Bodensee entdecken:

Traumlage mit Blick zu den Alpen

Hier auf dem Traumplatz gibt es einen Pool, der kostenlos genutzt werden darf und du hast einen tollen Blick auf die Alpen und die Hegauberge! Der Bodensee mit seinen Strandbädern liegt 9 Kilometer entfernt. In direkter Umgebung befindet sich der Steißlinger See, der zum Baden einlädt. Besuche hier vom Platz aus außerdem die Burgruine Homburg, sie ist nur 3 Kilometer weg, der kostenlose Tier- und Freizeitpark in Eigeltingen ist besonders mit Kindern ein echtes Highlight.

Direkt am Stellplatz findest du eine Feuerschale, sowie Kinderspielgeräte. Einkaufsmöglichkeiten gibt es vom klassischen Supermarkt bis hin zum Hof- und Bioladen in den umliegenden Dörfern.

Feuerstelle

€€

78315 Radolfzell am Bodensee

Jetzt buchen:

Das sagen andere Camper:

»Wir waren super zufrieden. Es ist eine super ruhige Lage zum Entspannen und der Blick in die Berge ist toll. Super nette Gastgeber, die immer helfen, wenn man etwas braucht. Plus: Ein kleiner Hofladen mit frischen Eiern, Butter, Getränke und Marmelade. Und was besonders toll war, war der Pool. Wir können den Platz nur empfehlen.«

Tipp von Gastgeberin Sabine:

»In dem kleinen Hofladen im Dorf, dort gibt es frische Eier, Butter, Getränke und Marmelade! Nutze gerne an heißen Tag unseren Pool auf dem Gelände.«

Kirschgarten

Am Südhang des Schussentals kannst du unter hohen Kirschbäumen oder in einer Wildblumenwiese campen.
Jeder Stellplatz hat eine Größe von rund 1.000 m².

Für eine romantische Nacht steht für dich eine Feuerschale und Brennholz für ein Lagerfeuer bereit. Du liebst es auch in die Sauna zu gehen? Kein Problem, nach Absprache kannst du auch die Sauna und die Kaltwasserdusche vor Ort nutzen. Auf dem Hof werden verschiedenste Obstsorten angebaut. Eine Bäckerei ist nur einen Kilometer entfernt. Im angrenzenden Waldgebiet befindet sich der Metelisweiher. Bis zum Bodensee bist du rund 15 Minuten mit dem Auto unterwegs.

- Toiletten
- Dusche
- Feuerstelle
- Hofladen
- Haustiere willkommen

€€

>7m

88214 Ravensburg

Jetzt buchen:

Tipp von Gastgeberin Beate:
»Der Blaserturm in Ravensburg ist eine historische Sehenswürdigkeit und im ‘Pizzeria-Restaurant Linde’ sowie im Restaurant ‘Zur Post’ kannst du lecker zu Abend essen.«

Das sagen andere Camper:
»Ein wunderschöner Stellplatz, sehr liebevoll ausgestattet und betreut.«

★★★★★

In mitten des Obsttraumes

Willkommen zum Entspannen und Abschalten unter Apfelbäumen mit einem fantastischen Blick auf die Felder und Weinberge in der Bodenseeregion!

Von hier aus kannst du die bezaubernde Uferpromenade von Meersburg erkunden oder einen Abstecher zu den beeindruckenden Pfahlbauten in Unteruhldingen machen. Oder du lauschst einfach dem Summen und Zwitschern in deiner Umgebung.

In Bermatingen erwartet dich auch der Obsthof mit einem gemütlichen Verkaufshäuschen. Lass dich dort mit frischen, regionalen Köstlichkeiten verwöhnen.

Das sagen andere Camper:

»Eine Übernachtung in der Mitte der Obstplantage, von hinten geschützt durch einen Wald, weit entfernt von der angrenzenden Straße und umlaufend eingezäunt. Ein schöner Platz – ringsherum summt und zwitschert es. Selten so viele Sterne gesehen, wie in dieser Nacht.«

★★★★★

Tipp von Gastgeberin Kerstin:

»Besuche Meersburg in nur 9 Kilometern Entfernung, mit seinem Schlossplatz und sieh dir nachts auf dem Stellplatz bei klarem Himmel unbedingt die Sterne an!«

Haustiere willkommen

€

>7m

88697 Bermatingen

Jetzt buchen:

Stellplatz ca. 250 m zum Bodensee

Dieser Stellplatz befindet sich auf einem Privatgrundstück mit nur circa 250 Meter Entfernung zum Bodensee und einem öffentlichen Seezugang.

Die historische Stadt Meersburg sowie Unteruhldingen, welche Verpflegungs- und Einkaufsmöglichkeiten bieten, sind mit dem Fahrrad nur wenige Minuten entfernt.

Direkt am Grundstück sind Bushaltestationen, welche in Richtung Meersburg, Friedrichshafen, Lindau oder in die entgegengesetzte Richtung nach Uhldingen, Überlingen sowie Radolfzell fahren. Da alles ebenerdig und direkt am See gelegene Radwege vorhanden sind, ist auch alles mit dem Fahrrad zu erreichen.

Wasser

Strom

Haustiere willkommen

Wifi

€€€

>7m

88709 Meersburg

Jetzt buchen:

Tipp von Gastgeber Lukas:
»Das Café 'Hermann's Place' in Meersburg ist ein kleines, aber feines Café mit Bio-Kaffee.«

Das sagen andere Camper:
»Ein Stellplatz mit perfekter Lager. In unmittelbarer Nähe ist der Bodensee – das Wasser dort ist super klar und sauber. Wir kommen wieder.«

★★★★★

88693 Deggenhausertal

Jetzt buchen:

Campen unter den Apfelbäumen

Wunderschön gelegen im Deggenhausertal, dem Hinterland des Bodensees, befindet sich im Ortsteil Untersiggingen ein neuer biozertifizierter Obsthof.

Du kannst mit deinem Camper direkt unter den herrlichen Obsthochstämmen stehen. Der Blick geht direkt ins Grüne, mit Blick auf Wiesen, Wälder, Flora und Fauna und unsere Shetlandponys.

Ob ein Picknick im Schatten der Apfelbäume, eine schöne Wanderung durch das Deggenhausertal oder eine Radtour – es gibt so viel zu erleben.

Wenn du Lust hast, kannst du hier auch ein Lagerfeuer am Abend machen.

>7m

- Wasser
- Strom
- Feuerstelle
- Hofladen
- Haustiere willkommen

€€

Paradies im Bodensee-Hinterland

Hier hast du die einmalige Möglichkeit auf einem Naturstellplatz, der am Rande des Linzgaus im Bodensee Hinterland liegt, zu campen. Du nächtigst in Alleinlage am Rande des kleinen Örtchens Beuren – es gibt auch einen Gasthof und kleine Stände mit frischem Obst. Hier findest du Ruhe, kannst den 50 Meter entfernten Wanderweg nutzen und tolle Sonnenuntergänge genießen.

Der Platz befindet sich in Blickweite zum Schloss Heiligenberg (zu Fuß 1h), dort gibt es auch ein Freibad. Den Schlosssee in Salem erreichst du mit dem Fahrrad in 25 Minuten. Die Entfernung zum See nach Überlingen/ Uhldingen beträgt circa 15 Minuten mit dem Auto.

Haustiere willkommen

€

>7m

88682 Salem

Jetzt buchen:

Schwarzwald

Dichte Wälder, Hohe Berge

Der Schwarzwald, der im Südwesten Deutschlands liegt, ist bekannt für seine dichten Wälder, malerischen Täler und hohen Berge. Eine der charakteristischsten Erscheinungen der Region sind die berühmten Schwarzwaldhöfe, traditionelle Bauernhäuser mit ihren tief heruntergezogenen Dächern und Fachwerkstrukturen. Hier kannst du das ländliche Leben in seiner schönsten Form erleben.

Was macht den Schwarzwald so besonders? Neben den majestätischen Wäldern und Berglandschaften gibt es zahlreiche Aktivitäten, die du hier genießen kannst. Du kannst Wanderungen und Radtouren unternehmen, um die Schönheit der Natur zu erkunden.

Der Schwarzwald ist auch ein Paradies für Wellness-Liebhaber, da er eine Vielzahl von Thermalbädern und Kurorten bietet.

Geschichte erleben

Wenn du Geschichte und Kultur magst, besuche das Freilichtmuseum Vogtsbauernhof, in dem du die Lebensweise der vergangenen Jahrhunderte im Schwarzwald erleben kannst. Das malerische Städtchen Triberg ist bekannt für seine Wasserfälle, die zu den höchsten in Deutschland gehören.

Hüttenzauber am Feldberg

Alljährlich im August wird im Schwarzwald das Laurentiusfest gefeiert.
Es zählt zu den bekanntesten Volksfesten der Region. Die Hütten am Feldberg bieten ein buntes Unterhaltungsprogramm.

Gefeiert wird der heilige Laurentius – der Patron der Wirtsleute. Dich erwarten Tanz, Musik und festlich gedeckte Tafeln.

Der Feldberg ist mit fast 1.500 Metern Höhe der höchste deutsche Berg außerhalb der Alpen und ist zu jeder Jahreszeit ein lohnendes Ausflugsziel. Egal ob du lieber wanderst oder mit der Feldbergbahn nach ganz oben kommst.

Das solltest du ausprobieren:

- Schwarzwälder Schinken
- Kirschtorte
- Schwarzwald Forelle
- Bibiliskäs

Alle Plätze im Schwarzwald entdecken:

Einzelstellplatz am Südhang

Hier campst du mitten im Naturpark Südschwarzwald, direkt in der Gemeinde Kleines Wiesental. Du stehst in unmittelbarer Nähe eines Hofes, umgeben von einer atemberaubenden und wunderschönen Naturlandschaft.

Hier kannst du den Blick ins Tal genießen und dich von der Ruhe und Schönheit des Schwarzwaldes verzaubern lassen.

In nur einer Stunde erreichst du den Nonnenmattweiher und erlebst die unberührte Natur. Für Ausflüge mit dem Auto sind Basel, Lörrach und Freiburg nur etwa eine Stunde entfernt. Aber auch direkt am Platz gibt es eine Feuerstelle, an der du gemütliche Abende verbringen kannst.

Wasser

Feuerstelle

€

>7m

79692 Kleines Wiesental

Jetzt buchen:

Das sagen andere Camper:

»Schöner Platz an einer schmalen Straße. Man steht allein und nachts war es absolut ruhig.«

Tipp von Gastgeber Dieter:

»Hier musst du einfach die unberührte Natur und Landschaft mit ihren unzähligen Waldwegen genießen.«

Unter dem Nussbaum

Dieser ruhig gelegene Stellplatz im Dreiländereck ist umgeben von wunderschöner Natur und liegt direkt an einem gemütlichen Aussiedlerhof, ganz in der Nähe des majestätischen Feldbergs. Vom Stellplatz aus hast du einen atemberaubenden Blick bis in die Alpen. Und an heißen Tagen kannst du unter dem Nussbaum ein schattiges Plätzchen finden.

Die Vielfalt der Region bietet dir zahlreiche Unternehmungen. Mit dem Bus oder der Bahn bist du in nur 15 Minuten in Basel. Es gibt eine umfangreiche Auswahl an Radtouren und auch andere Attraktionen wie einen Vogelpark.

Haustiere willkommen

€

79585 Steinen

Jetzt buchen:

Das sagen andere Camper:
»Ein total friedlicher, schöner Stellplatz. Neben dem Hof, jedoch nicht einsehbar. Der Gastgeber war total nett und unkompliziert.«

★★★★★

Tipp von Gastgeberin Melanie:
»Der Vogelpark in Steinen und das Zeller Wildgehege sind super Ausflugsziele. Eine gute Bäckerei findet ihr in Steinen: Die Bäckerei Seeger.«

Natur mit traumhaftem Weitblick

Bereit für eine sagenhafte Aussicht? Der Stellplatz befindet sich auf einem kleinen Schwarzwaldhof in idyllischer Lage. Hier kannst du deine wohlverdiente Ruhe genießen, dich entspannen und den Vögeln zuhören.

Hier werden Rinder, Ziegen und Minischweine gehalten, die sich über deinen Besuch freuen. Auch Weihnachtsbäume werden hier gepflanzt und verkauft. Ganz in der Nähe liegt der Luftkurort Sankt Märgen. Außerdem führen viele schöne Wanderwege direkt am Hof vorbei.

Erlebe hier im Schwarzwald ein unvergessliches Campingerlebnis!

Haustiere willkommen

€€

>7m

79256 Buchenbach

Jetzt buchen:

Das sagen andere Camper:

»Stellplatz ist nur weiterzuempfehlen; tolle Lage mit sagenhaftem Blick, anliegende Mini-Rinderherde und Schafsherde begrüßt einen ab und an. Auch mit Kindern zu empfehlen, es fehlt einem an nichts!«

Tipp vom Gastgeber:

»Meine Tipps sind das Naturbad St. Märgen und das Badeparadies Schwarzwald, ein Freizeit- und Erlebnisbad mit Saunalandschaft in Titisee-Neustadt.«

Sonnenverwöhntes Markgräflerland

Auf einem kleinen Familienweingut im sonnenverwöhnten Markgräflerland befindet sich dieser naturnahe Traumstellplatz auf einer nahegelegenen Wiese zwischen den Maisfeldern – also Natur pur!

Du hast hier die Möglichkeit, die Weine des Weinguts zu probieren. Bei Bedarf stehen dir eine Dusche und eine Toilette am Weingut zur Verfügung. Wasser und Strom wird dir bereitgestellt.

Hinweis: Der Stellplatz ist nur für einen Tag buchbar – also perfekt für die Durchreise mit Erholungsfaktor.

- Wasser
- Strom
- Toiletten
- Dusche
- Hofladen
- Haustiere willkommen

€€

📍 79426 Buggingen

Jetzt buchen:

Tipp von Gastgeber Fabian:
»Die Altstadt in Staufen im Breisgau, Schloss Bürgeln bei Schliengen und die Staudengärtnerei Gräfin von Zeppelin mit Rosengarten und Café kann ich empfehlen.«

Schwäbische Alb

Schwäbisches Mittelgebirge

Die Schwäbische Alb ist für ihre einzigartige geologische Formation bekannt, die von mächtigen Kalksteinfelsen, tiefen Schluchten und weiten Hochebenen geprägt ist. Du wirst dich inmitten dieser imposanten Landschaft wiederfinden, und es bietet sich die perfekte Kulisse für Wanderungen und Outdoor-Abenteuer.

Ein absolutes Highlight ist die Bärenhöhle, eine der schönsten Tropfsteinhöhlen Europas. Hier kannst du in die faszinierende Unterwelt der Alb eintauchen.

Schlossgeschichte

Wenn du geschichtlich interessiert bist, solltest du die beeindruckenden Ruinen der Burgen Hohenzollern und Teck besuchen. Diese mittelalterlichen Festungen bieten nicht nur faszinierende Einblicke in die Vergangenheit, sondern auch atemberaubende Aussichten auf die umliegende Landschaft.

Ebenfalls sehenswert ist das Schloss Lichtenstein, das hoch oben über den Baumwipfeln der Schwäbischen Alb thront. Nimm doch an einer der täglichen Führungen teil. Diese dauert circa 30 Minuten und entführt dich in die Zeit zwischen 1100 und 1999.

Das blaue Meer, der Albtrauf

Am nordwestlichen Rand der Schwäbischen Alb findest du eine ganz besondere Landschaft: Schroffe Felsabhänge bilden eine 300 bis 400 Meter hohe Steilstufe – der Albtrauf.

Diese einmalige Hochebene solltest du auf keinen Fall verpassen. Kalkbuchenwälder, Wacholderheiden und Blumenwiesen rahmen die 200 Kilometer lange Felskante. Der Albsteig, ein Fernwanderweg, führt immer an der Felskante entlang und bietet spektakuläre Ausblicke über die Region.

Das solltest du ausprobieren:

- Gaisburger Marsch
- Maultaschen
- Spätzle
- Kristallweizen

Alle Plätze der Schwäbischen Alb entdecken:

Panorama pur

Hier in der Schwäbischen Alb campst du mit einem atemberaubenden Blick auf den Bodensee und die majestätischen Alpen. Nur 30 Meter entfernt erwartet dich ein Rotwildgehege.

Der idyllische Illmensee ist nur 5 Minuten, der Bodensee nur 20 Minuten und das Pfrungener Ried nur 8 Minuten entfernt. In 10 Minuten zu erreichen sind der Gehrenbergturm, der Seepark in Pfullendorf und das Schloss Heiligenberg. Der Stellplatz ist der ideale Ausgangspunkt für spannende MTB-Touren im malerischen Deggenhausertal und Umgebung. Die gut ausgebauten Wege durch das Deggenhausertal bieten dir ein abwechslungsreiches Naturerlebnis.

Haustiere willkommen

€

>7m

88693 Deggenhausertal

Jetzt buchen:

Das sagen andere Camper:
»Super netter Gastgeber, toller Stellplatz. Dort gibt es nichts, was zu bemängeln wäre. Traumhaft schöne Aussicht. Abends absolute Ruhe. Gerne wieder.«

Tipp von Gastgeber Stefan:
»Der Bodensee, das Pfrunger Ried und das Schloss Heiligenberg sind einen Ausflug wert! Auch der Berggasthof Höchsten ist zu empfehlen.«

Bauernhof in Hermaringen

Entspannen, Frischluft tanken und einfach die Natur genießen?

Dann bist du hier richtig: Der Bauernhof liegt ruhig und in sonniger Lage, inmitten der Natur. Besuche diesen Naturstellplatz und lerne das Leben auf dem Land kennen.

Die Schwäbische Alb ist bekannt als herrliches Wandergebiet, zahlreiche Ausflugsziele wie das Legoland in Günzburg, das Steiff-Museum in Giengen oder die Charlottenhöhle liegen in unmittelbarer Nähe und garantieren neben Erholung auch einen erlebnisreichen Urlaub. Hier findest du Natur pur.

Wasser

Strom

Haustiere willkommen

€

>7m

89568 Hermaringen

Jetzt buchen:

Tipp von Gastgeber Hans:
»Meine Tipps sind das Legoland in Günzburg, das Steiff-Museum in Giengen und die Charlottenhöhle.«

Das sagen andere Camper:
»Ruhiger Stellplatz auf einer gemähten Wiese. Sehr freundlicher und fürsorglicher Gastgeber. Gerne wieder.«

★★★★★

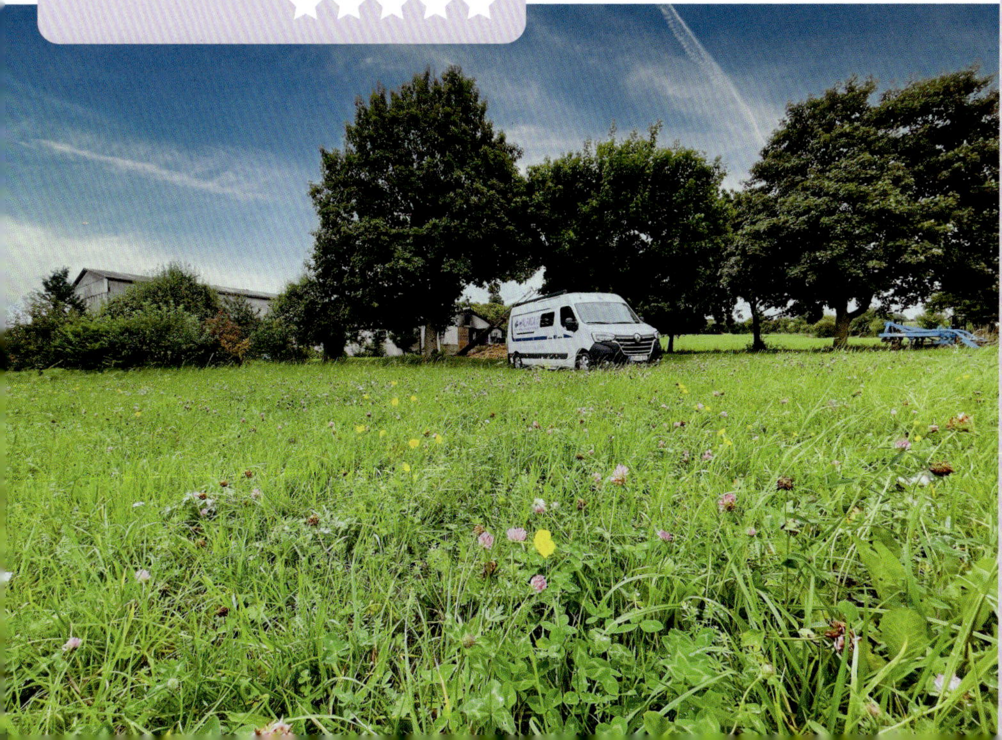

Pferdehof am Rande zum Auental

Der Stellplatz befindet sich auf einer sehr großen Weide am Rande zum Auental, umgeben von schattenspendenden Bäumen. Angrenzend befindet sich die Pferdekoppel.

Naturnah und doch zentral, einfach der perfekte Ausgangspunkt für Ausflüge an den Bodensee: In 15 Minuten bist du in Überlingen. In unmittelbarer Nähe befindet sich der Golfplatz 'Lugenhof' mit einer sensationellen Aussicht. Das Restaurant bietet eine große Terrasse, hier kannst du bei leckerem Essen verweilen. Im Ortskern gibt es Lebensmittelläden mit Bäckerei, eine Metzgerei, eine Apotheke und Ärzte.
Die Toilette befindet sich im etwa 300 Meter entfernt gelegenen Hofgebäude.

Toiletten

Haustiere willkommen

€

88696 Owingen

Jetzt buchen:

Das sagen andere Camper:
»Super schöner, ruhiger Platz. Trotzdem ist der Ort in Sichtweite, man fühlt sich absolut sicher. Ganz hinten auf der Wiese ist ganztägig Schatten, das fand mein Hund super. Super freundlicher Empfang.«

★★★★★

Tipp von Gastgeber Andreas:
»Ich empfehle euch den Golfplatz Lugenhof mit dem dazugehörigen Restaurant 'Hofgut Lugenhof', da kann man wunderbar essen gehen.«

Allgäu und Oberschwaben erkunden

Der wunderschöne Stellplatz mit Alpenblick zwischen Waldburg und Amtzell ist ruhig gelegen. Von hier aus kannst du die Region Allgäu/ Oberschwaben erkunden. Von der Autobahn A96 aus, erreichst du den Platz in circa 10 Minuten.

Der nächste Lebensmittelladen ist etwa 4 Kilometer entfernt und die nächste Einkehrmöglichkeit befindet sich in knapp 2 Kilometern Entfernung.

Verschiedene Badeseen befinden sich ebenfalls im Umfeld von 2 bis 3 Kilometern. Du fährst gerne in Bikeparks? Dann ist der Bikepark Vogt sicher was für dich!

- Wasser
- Strom
- Schmutzwasserentsorgung

€€

88289 Waldburg

Jetzt buchen:

Tipp von Gastgeber Martin:
»Das Schloss Waldburg und die Straußenfarm in Waldburg sind sehr empfehlenswert. Wer nach sehr leckerem Kaffee und Kuchen sucht, ist im Gasthaus 'Grüner Baum' gut aufgehoben.«

Einzelstellplatz an der Schumpenlinde

Hier stehst du ganz für dich alleine auf einer Wiese mit einer tollen Aussicht ins Allgäu und auf die Nagelfluhkette. Ein Traum für Kind und Hund mit viel Platz!

Hier kannst du entschleunigen und einfach die Natur genießen, am Abend den Sonnenuntergang beobachten und dann die Sterne zählen.

Von hier aus kannst du schöne Spaziergänge oder Radtouren unternehmen. Ausflugstipps und Aktivitäten umfassen: Die Stadt Memmingen, den Bikepark Kisslegg (viele weitere Bikeparks in der Umgebung), der Ellerazhofer Weiher und den Erlebnispfad Bürgermoos.

Das sagen andere Camper:
»Ein wunderschöner Stellplatz mit viel Platz für Kind und Hund. Trotz schlechtem Wetter wunderschön. Wir kommen gerne wieder. Danke für alles.«

★★★★★

- Wasser
- Schmutzwasserentsorgung
- Haustiere willkommen

€

>7m

88299 Leutkirch im Allgäu

Jetzt buchen:

Tipp von Gastgeber Rainer:
»Das Restaurant 'Historischer Dorfgasthof Hirsch Urlau' und die Urlauer Modellbahnen – Modellbahnstüble in Leutkirch sind empfehlenswert.«

Idyllischer Stellplatz mit Bergsicht

Mit Blick auf zwei kleine Seen und die Allgäuer Alpen befinden sich die Stellplätze auf dem Gelände eines Bauernhofes.

Genieße die wunderschöne Aussicht auf die Nagelfluhkette mit direktem Blick auf den Hochgrat. Neben den Stellplätzen steht dir eine Feuerschale mit Grillrost zur Verfügung.

Die zwei kleinen Seen sind fußläufig in 10 Minuten (500 Meter) zu erreichen. Beide verfügen über Liegewiesen mit Bademöglichkeit. In der näheren Umgebung kannst du wandern und Rad fahren. Einkaufsmöglichkeiten findest du in 3 Kilometer Entfernung.

Feuerstelle

€

>7m

88353 Kißlegg

Jetzt buchen:

Tipp von Gastgeber Daniel:
»In der Pizzeria Bologna und im Gleisneun Café in Kißlegg kannst du Leckereien genießen.«

Das sagen andere Camper:
»Gastgeber super freundlich, hat vorab sogar noch die Wiese gemäht. Ein ruhiges, idyllisches Plätzchen für einen Zwischenhalt.«

★★★★★

Bauernhof mit Blick auf die Berge

Der Bauernhof befindet sich ruhig gelegen inmitten von Wiesen und gleichzeitig bietet er eine zentrale Lage zum Bodensee, in die Alpen oder in zahlreiche schöne Städte wie Ravensburg oder Wangen.

Der Stellplatz befindet sich auf dem Hof und bietet freie Sicht auf die Felder und Berge. Die Bäume spenden an heißen Tagen Schatten und gleich nebenan steht dir ein großer Garten mit Feuerstelle und Grillmöglichkeit zur Verfügung. Für deine Kinder stehen im Garten ein Sandkasten, ein Spielturm mit Schaukeln und ein Trampolin bereit – hier wird es den Kleinen also nie langweilig.

Erhole dich an den nahe gelegenen Badeseen und zahlreichen Weihern!

Schmutzwasserentsorgung

Feuerstelle

€

88353 Kißlegg

Jetzt buchen:

Das sagen andere Camper:
»Sehr schöner Stellplatz mit Bauernhofatmosphäre. Sehr netter Empfang. Die Aussicht auf die Berge ist toll. Vielen Dank.«

★★★★★

Tipp von Gastgeber Klaus:
»Empfehlen kann ich zum Baden den ruhigen Holzmühlenweiher, außerdem ist das Schlosscafé Wolfegg und die Burg Waldburg eine tolle Anlaufstelle.«

Rheinland-Pfalz

Zwischen Wein und Wald

Ob historische Stätten erkunden, die malerische Natur genießen oder regionale Weine kosten, Rheinland-Pfalz hat für jeden Geschmack etwas zu bieten.

Der Pfälzer Wald ist ein Paradies für Naturliebhaber und Aktivurlauber. Hier findest du gut markierte Wanderwege und malerische Radwege, die sich durch dichte Wälder und sanfte Hügel schlängeln. Der Pfälzer Wald ist auch die Heimat des 'Dahner Felsenlandes', einer beeindruckenden Felsenlandschaft mit zahlreichen Kletterrouten.

Rheinland-Pfalz ist ebenfalls für seine Weinbaugebiete und exquisite Weine der Region bekannt.

Sehenswertes vor Ort

Die Stadt Trier ist eine der ältesten Städte Deutschlands und beeindruckt mit einer römischen Geschichte.

Die romantische Stadt Koblenz, am Zusammenfluss von Rhein und Mosel gelegen, ist ein weiteres Highlight in Rheinland-Pfalz. Hier kannst du die Festung Ehrenbreitstein besichtigen und die spektakuläre Aussicht auf die Flüsse und die Stadt genießen. Koblenz ist auch der Ausgangspunkt für das berühmte 'Deutsche Eck', wo beide Flüsse zusammenfließen.

Die Burg Eltz ist immer einen Besuch wert, von dichten Wäldern umgeben, einfach märchenhaft.

von 'Pixabay' über Pexels

Feste und Küche

In Rheinland-Pfalz finden das ganze Jahr über zahlreiche Veranstaltungen und Feste statt. Der Mainzer Karneval ist einer der bekanntesten Karnevalsfeiern in Deutschland und zieht Tausende von Besuchern an.

Die Weinmärkte in der Region sind ideale Orte, um lokale Weine zu verkosten und regionale Spezialitäten zu probieren.

Probiere den Pfälzer Saumagen oder die Leberknödel, die oft mit einer köstlichen Soße serviert werden. Die Weingüter und Gasthäuser bieten eine breite Palette von kulinarischen Erlebnissen, die Weinliebhaber und Feinschmecker gleichermaßen begeistern werden.

Wir empfehlen folgende Regionen:

- Eifel
- Hunsrück
- Mosel
- Pfalz

Felsen und Vulkane

Die Eifel erstreckt sich über Teile von Deutschland, Belgien und Luxemburg und ist bekannt für ihre felsige Landschaft, die von sanften Hügeln, dichten Wäldern und charakteristischen Ginstersträuchern geprägt ist.

Die Eifel ist berühmt für ihre Maare (vulkanische Kraterseen), die zum Schwimmen, Picknicken und Entspannen einladen.

Ein Besuch des Laacher Sees und des Gemündener Maar sind ein Muss. Die Region ist außerdem reich an kulturellen Sehenswürdigkeiten, zum Beispiel das römische Erbe in Trier und die beeindruckende Nideggener Burg.

Kultur und Kulinarik

Die Region ist auch reich an malerischen Dörfern und historischen Städtchen, darunter das charmante Monschau mit seinen Fachwerkhäusern, engen Gassen und Kopfsteinpflaster.
Hier kannst du die lokale Küche genießen, die von herzhaften Eintöpfen bis hin zu leckeren Kuchen reicht.

Traditionelles Hüttenbrennen

Das Hüttenbrennen wird in jedem Eifelort unterschiedlich gefeiert und findet am ersten Sonntag nach Fastnacht – dem Funkensonntag statt. Das wäre doch ein tolles Ereignis, um die neue Campingsaison einzuläuten!

Hier wird keine Hütte abgebrannt. Die Dorfjugend sammelt, oft über Wochen hinweg, Stroh, Reisig und weitere brennbare Materialien.
Das Material wird zu einem Haufen aufgeschichtet oder an ein großes Holzkreuz gebunden und bei Einbruch der Dunkelheit entzündet.
Traditionell wird so ‘der Winter verbrannt’ und ein guter Sommer heraufbeschworen.

Das solltest du ausprobieren:

- Monschauer Dütchen
- Döppekooche
- Eifelspießbraten
- Ahrwein

Alle Plätze in der Eifel entdecken:

Direkter Zugang zum Eifelflüsschen

Auf diesem Hofgelände, direkt an der Enz, befinden sich (auch für größere Fahrzeuge) gut befahrbare Stellplätze, entweder befestigt oder auf der Wiese, umgeben von Wiesen und Wäldern.

Das Gelände befindet sich im Naturpark Südeifel, direkt am Enztalradweg und zahlreichen Wanderwegen.

Das Highlight: Du campst direkt neben der Enz und hast einen direkten Zugang.

Wasser

Strom

Haustiere willkommen

€€

54646 Enzen

Jetzt buchen:

Tipp von Gastgeberin Karin:

»Für alle, die Gebäck lieben, gibt es die Bäckerei Flesch in Mettendorf. Das angeschlossene Café ist an regnerischen Tagen besonders einladend.«

Das sagen andere Camper:

»Sehr freundlicher Gastgeber und ein wirklich schöner Platz direkt am Fluss. 5 Sterne!«

★★★★★

Saftige Wiese in der Osteifel

In der Osteifel gelegen, umgeben von Maaren, ehemaligen Vulkanen, viel Wald und wenig Besiedlung, befindet sich dieses Plätzchen.

Du campst auf einer Wiese neben einem 2000 m² Feld mit Bio-Gemüse- und Kartoffelanbau, 500 Meter außerhalb des Dorfs. Es gibt ein Erdhaus/Hobbit-Haus, das aus der Erde ragt, mit Herd, aber ohne Strom und Wasser.

Folgende Zusatzbuchungen/Aktivitäten sind möglich: Kinder- und Erwachsenenreiten auf der Haffistute 'Paula', Töpfern im Erdhaus/Erwerb von handgefertigten Töpferwaren, Einkauf von biologisch angebautem Gemüse ab Hof.

Toiletten

Feuerstelle

Hofladen

Haustiere willkommen

€

>7m

56729 Nachtsheim

Jetzt buchen:

Tipp von Gastgeber Josef:
»Vom Aussichtsturm in Boos hast du einen fabelhaften Eifel-Blick. Eine kleine Wanderung von 5 Kilometern bringt dich auf schönen Wegen dorthin.«

Das sagen andere Camper:
»Sehr freundlicher Gastgeber. Wir haben uns sehr wohlgefühlt. Absolute Ruhe, genau das, was wir suchen.«

★★★★★

Am Oberkronentälchen

Der Platz selbst liegt auf einer Wiese, 500 Meter hinter einem Selbstversorgerhof, und ist über eine befestigte Straße erreichbar.

Hier hast du eine Sicht auf Wald, Wiesen und Äcker und kannst so die idyllische Natur genießen. In der Nähe kannst du auch eine Grillhütte anmieten.

Die nächsten Sehenswürdigkeiten: Vulkaneifel (Maare und Kraterseen), Tropfsteinhöhlen, Mosel, Belgische Ardennen. Tagesausflüge sind nach Aachen, Bonn, Belgien, Koblenz, Luxemburg oder Trier möglich. Rad- und Wanderwege sowie Badeseen sind zahlreich vorhanden und in den Maaren gibt es auch mehrere Freibäder.

Haustiere willkommen

€

>7m

56769 Retterath

Jetzt buchen:

Das sagen andere Camper:

»Der Stellplatz ist total idyllisch. Ein schöner Blick ins Grüne. Ich komme wieder!«

Tipp von Gastgeberin Carmina:

»Auf der Terrasse der Pizzeria Milano genießt du leckere italienische Speisen und vor allem einen tollen Blick ins Eifelland.«

Hunsrück

Zu Besuch im Mittelgebirge

Du hast den Hunsrück erreicht, eine Region von atemberaubender Natur und entspanntem Lebensstil. Hier erwarten dich einige der schönsten Stellplätze, um die Schönheit und Ruhe dieser Region voll und ganz zu genießen.

Der Hunsrück, in Rheinland-Pfalz und Teilen des Saarlands gelegen, ist ein Mittelgebirge. Der größte Teil ist von dichten Wäldern, beispielsweise dem Soonwald oder dem Nationalpark Hunsrück-Hochwald, bewachsen. Der Nationalpark Hunsrück-Hochwald ist ein weiteres Highlight und beherbergt eine einzigartige Tier- und Pflanzenwelt. Hier kannst du die Ruhe der Natur in vollen Zügen genießen.

Der höchste Berg ist der Erbeskopf mit circa 815 Höhenmetern. Das erfreut natürlich jedes Wander- und Radfahrer-Herz!

Am Rande der Mosel

Der Hunsrück ist auch für seine malerischen Dörfer und historischen Städte bekannt. Besuche das charmante Bernkastel-Kues an der Mosel und schlendere durch die mittelalterlichen Gassen.

Die Burg Eltz ist ein beeindruckendes Beispiel mittelalterlicher Architektur und ein beliebtes Touristenziel.
Das Hunsrück-Museum in Simmern bietet interessante Einblicke in die Geschichte der Region.

Kartoffeltage

Vor über 20 Jahren wurden das erste Mal die Hochwald-Kartoffeltage in Kell am See gefeiert. Inzwischen werden die Saar-Hunsrücker Kartoffeltage in der ganzen Region zelebriert.

Im Oktober dreht sich zwei Wochen lang alles um die Kartoffelknolle. Viele Gemeinden, Vereine und Gasthäuser nehmen an den Festlichkeiten teil. In den Gaststätten werden leckere Kartoffelgerichte mit besonderem Ideenreichtum umgesetzt, um zu zeigen, wie vielfältig man das Grundnahrungsmittel zubereiten kann.

Das solltest du ausprobieren:

- Schwenkbraten
- Kartoffelsuppe
- 'Saumagen'

Alle Plätze im Hunsrück entdecken:

Hunsrück Geheimtipp

Dieses Plätzchen liegt abgelegen vom Ort auf einer großen Wiese mit einem tollen Blick über den Hunsrück.

Am Stellplatz befindet sich eine Feuerstelle, hier kannst du grillen und den Abend ausklingen lassen. Vom Platz aus kannst du beliebte Wanderrouten und Sehenswürdigkeiten direkt erreichen, ohne ins Auto steigen zu müssen. (Schinderhanneshöhle, ganz viele Aussichtstürme, kleine Weiher, Libellenteiche usw.)

Nächste Einkaufsmöglichkeiten befinden sich in circa 5 Kilometer Entfernung in Rheinböllen, dort gibt es auch ein Schwimmbad.

Das sagen andere Camper:

»Eine schöne, grüne Wiese, etwas geschützt, mit einer Feuerstelle. Feuerholz wurde uns auch zur Verfügung gestellt. Alles in allem wahnsinnig unkompliziert, genauso, wie wir es gesucht hatten. Wir kommen gerne wieder.«

★★★★★

Tipp von Gastgeber Florian:

»Wer gerne Fleisch isst, muss das Rumpsteak bei Willi Böhler in Oberheimbach probieren! Die Hängeseilbrücke Geierlay in Mörsdorf ist ebenfalls einen Besuch wert.«

- Feuerstelle
- Haustiere willkommen

€

55494 Liebshausen

Jetzt buchen:

Großes Grundstück mit Teich

Das große Grundstück, auf dem sich der Stellplatz befindet, hat einen kleinen Teich und liegt am Rande von Werlau.

Der perfekte Platz für heiße Tage, denn das Freibad befindet sich nur ein paar Gehminuten entfernt. Du campst hier in einem sehr gepflegten und ruhigen Garten.

Werlau liegt gegenüber der Loreley und der Burg Rheinfels im oberen Mittelrheintal. Die Weinberge und Aussichtspunkte mit Blick auf Rhein und Burgen laden zu spektakulären Wanderungen ein.

- Wasser
- Strom
- Schmutzwasserentsorgung
- Feuerstelle
- Haustiere willkommen

€

56329 Sankt Goar

Jetzt buchen:

Tipp von Gastgeber Wilhelm:
»Das Restaurant 'Loreleyblick Maria Ruh' in Urbar bietet dir einen fantastischen Ausblick und sehr leckeres Essen.«

Das sagen andere Camper:
»5-Sterne und keinen weniger. Einer der bisher schönsten Plätze.«

★★★★★

Hunsrück-Rundblick

Schon mal auf einer Anhöhe am Waldesrand gecampt? Hier stehst du mit einem schönen Rundblick über den Hunsrück.

Es erwarten dich wunderschöne Sonnenauf- und -untergänge und am Horizont ist der Idarkopf sichtbar.

Im Nachbarort, etwa 500 Meter entfernt, gibt es ein Speiselokal und eine Bäckerei. Kinder und Hunde sind hier herzlich willkommen.
Hier hast du einen 100-prozentigen Erholungsfaktor!

Wasser

Feuerstelle

Haustiere willkommen

Wifi

€

55481 Lindenschied

Jetzt buchen:

Tipp von Gastgeber Werner:
»In Kirchberg, der ältesten Stadt im Hunsrück, wird es dir sicherlich gefallen. Hier gibt es schöne Cafés und auch ein kleines Museum.«

Das sagen andere Camper:
»Sehr schöner Platz zum Verweilen und Entspannen. Toller Weitblick! Natur pur. Der Platz zählt zu unseren Favoriten.«

★★★★★

Urlaub an der Moselschleife

Die Mosel, einer der schönsten Orte für Naturbegeisterte und Camper in Deutschland. Die Region, die sich entlang des malerischen Flusses Mosel erstreckt, ist berühmt für ihre atemberaubenden Weinberge, charmanten Dörfer und eine Vielzahl von Outdoor-Aktivitäten.

Die Moselregion ist das Herz des deutschen Weinbaus und die Hänge sind mit üppigen Weinreben bedeckt. Malerische Weinberge erstrecken sich bis an den Flussrand und bieten einen spektakulären Anblick. Als Camper kannst du auf den naturnahen Stellplätzen inmitten der Weinberge übernachten und die Ruhe und Schönheit dieser Umgebung genießen. Du kannst die wunderschöne Landschaft mit dem Fahrrad erkunden, entlang des Mosel Radwegs, der sich über hunderte Kilometer erstreckt – oder du wanderst auf den zahlreichen Wanderwegen, die dich durch die Weinberge und Wälder führen. Wassersportarten wie Kanufahren sind ebenfalls sehr beliebt.

Fachwerkhäuser mit Charme

Orte wie Cochem und Bernkastel-Kues sind bezaubernde Städte, in denen du gemütliche Spaziergänge machen und regionale Weine in urigen Weinstuben probieren kannst. Die Architektur und das Ambiente versetzen dich zurück in vergangene Zeiten.
Ein absolutes Highlight an der Mosel ist die Reichsburg Cochem, die majestätisch über der Stadt thront und einen spektakulären Blick auf das Flusstal bietet.

Mosel-Weine kosten

Bekannt ist die Mosel auch für ihre Weinfeste, bei denen du die Gelegenheit hast, heimische Moselweine zu verkosten und die herzliche Gastfreundschaft der Einheimischen zu erleben.

Du könntest an einer Planwagenfahrt durch die Weinberge teilnehmen, bei der dir der Weinanbau nähergebracht wird und währenddessen edle Tropfen verkostet werden.

Ein Aufenthalt in der Moselregion wird dir unvergessliche Erinnerungen bescheren und dir die Möglichkeit bieten, die Natur und Kultur dieser malerischen Region zu genießen.

Das solltest du ausprobieren:

- Tresterfleisch
- 'Zwiwwelfleisch'
- Mosel-Wein

Alle Plätze an der Mosel entdecken:

Schlafen im Himmelreich

Der gemütliche Stellplatz wird von einem kleinen familiengeführten Weingut an der Mittelmosel angeboten und liegt direkt unter der Weinlage Graacher Himmelreich.

Strom, Grauwasserentsorgung und Toiletten sind vorhanden, bei Bedarf auch ein Brötchenservice.

In der Vinothek kannst du gemütlich bei einem leckeren Glas Moselwein und einer Vesperplatte verweilen, aber auch frühstücken.
Am Wochenende gibt es hausgebackene Torten und freitags findet ein Grillabend statt. Der Stellplatz befindet sich direkt an einem Fahrradweg und Bernkastel-Kues ist 1,5 Kilometer entfernt.

Wasser

Strom

Schmutzwasserentsorgung

Haustiere willkommen

Toiletten

€€

54470 Graach a.d. Mosel

Jetzt buchen:

Tipp von Gastgeberin Janina:
»Wenn du mit der ganzen Familie campst, könnte das Ziegengehege in Graach ein tolles Ausflugsziel sein.«

Das sagen andere Camper:
»Sehr schöner Platz, WC neu und sieht top aus, gemähte Wiese und Brötchen kann man sich in der Vinothek holen.«

★★★★★

Im Seitensprung des Moseltals

Der Stellplatz liegt in natürlicher Randlage einer Mini-Ortschaft.

Eine Alpaka-Weide und ein Alpaka-Hofladen befinden sich circa 100 Meter entfernt. Der Premiumwanderweg 'Kichspiels Tälertour' direkt vor Ort. Auf dem Stellplatz steht eine Gästedusche bereit.

Das sagen andere Camper:
»Toller Stellplatz neben der Alpaka-Weide. Absolute Ruhe, tolle Wanderwege, netter Gastgeber. Alles, was man braucht. Absolut zu empfehlen.«

★★★★★

- Strom
- Hofladen
- Haustiere willkommen
- Alpakas vor Ort

€

>7m

54483 Kleinich

Jetzt buchen:

Tipp von Gastgeber Guido:
»In der Römerstube in Hochscheid kann man ab 17 Uhr essen oder auch Pizza außer Haus bestellen. Auf der Speisekarte wird wirklich jeder fündig.«

Auf'm Kreuzberg

Dieser Einzelstellplatz ist für Reisemobile/Vans bis sieben Meter Länge und einem Maximalgewicht von 3,5 Tonnen geeignet.

Du stehst auf einem 1000 m² großen Freizeitgrundstück, welches im Außenbereich liegt und eingezäunt ist.

Der Stellplatz befindet sich direkt auf einer Streuobstwiese rechtsrheinisch von Koblenz.

Der Stellplatz ist stadtnah, gut zu erreichen und ist ein idealer Ausgangspunkt für Aktivitäten zu Fuß, mit dem Fahrrad oder dem ÖPNV.

>7m

56077 Koblenz

Jetzt buchen:

€

Das sagen andere Camper:

»Sehr schöner Platz um einfach mal ein bisschen abzuschalten. Sehr netter Gastgeber.«

★★★★★

54472 Burgen

Jetzt buchen:

Grüne Wiese am Weingut

Du stehst auf einem befestigten Stellplatz, direkt an einem Weingut. Hier hast du einen unvergesslichen Blick auf die Weinberge und den Bachlauf und kannst eine Weinprobe buchen.

Der Platz befindet sich am Ortsrand von Burgen und liegt in Bachnähe. Das Zentrum ist zu Fuß erreichbar, aber auch ein ÖPNV-Anschluss ist in der Nähe.

Durch die Lage im Seitental bleibst du vom Trubel verschont und kannst die Ruhe der Natur genießen.

- Wasser
- Strom
- Feuerstelle
- Hofladen
- Haustiere willkommen
- Wifi

€

Pfalz

Paradies für Naturfreunde

Diese malerische Gegend im Südwesten Deutschlands ist ein wahres Paradies für alle, die gerne in der Natur campen und die Schönheit der Weinberge, Wälder und Berge erleben möchten.

Besonders berühmt ist die Pfalz für ihre Weinberge und Weingüter. Hier kannst du einige der besten deutschen Weine probieren und die Gastfreundschaft der Winzer erleben. Weinproben in traditionellen Weinkellern sind ein absolutes Muss. Wenn du im Herbst hier bist, kannst du sogar bei der Weinlese mithelfen und die Weinberge in leuchtenden Herbstfarben bewundern.

Der Pfälzer Wald, ein Teil des Biosphärenreservats Pfälzer Wald Vosges du Nord, ist ein Paradies für Wanderer und Radfahrer. Hier findest du gut markierte Wanderwege und Mountainbike-Strecken, die dich durch dichte Wälder und entlang idyllischer Flüsse führen.

Pfälzer Bergland

Diese Mittelgebirgslandschaft des Pfälzer Berglandes erstreckt sich über Teile von Rheinland-Pfalz und dem Saarland. Historische Burgen, malerische Dörfer und gemütliche Weingüter prägen das Bild des Pfälzer Berglandes und laden Besucher zu Erkundungstouren und kulinarischen Genüssen ein. Die Pfälzer Gastfreundschaft und die einzigartige Mischung aus Natur und Kultur machen das Pfälzer Bergland zu einem attraktiven Ziel für Reisende, die eine entspannte und gleichzeitig erlebnisreiche Umgebung suchen.

Die Weinstraße erleben

Das Deutsche Weinlesefest in Neustadt an der Weinstraße ist eine besonders schätzenswerte Veranstaltung. Es ist eine jährliche Feier, die die Weinlese in der Pfalz zelebriert und gewöhnlich Ende September oder Anfang Oktober stattfindet.

Während dieses Festes gibt es so viel zu erleben: Weinproben, bei denen man die Vielfalt der Weine aus der Pfalz kosten kann, traditionelle Umzüge mit festlichen Wagen und Musikkapellen, ein lebhaftes Weindorf, das regionale Spezialitäten anbietet, sowie kulturelle Darbietungen und Unterhaltung für Besucher jeden Alters.

Das solltest du ausprobieren:

- Pfälzer 'Saumagen'
- Leberwurst
- Dampfnudeln

Alle Plätze in der Pfalz entdecken:

Ruhiger Platz auf der Waldlichtung

Auf einer Waldlichtung befindet sich dieser ruhige Stellplatz, unweit von einem Hof und doch mitten im Wald gelegen.

Dich erwartet ein ebenes Gelände, circa 1500 m² groß, mit Sonnenplätzen und Schattenplätzen. Ideal für Familien, da das Gelände eingefriedet ist.

Direkt am Hinkelstein Wanderweg gelegen und an vielen markierten Wander- und Nordic Walking Strecken gelegen.

Fußläufig befindet sich ein Reiterhof, ein Naturfreibad und eine Einkaufsmöglichkeit. Teilweise sind Kinderspielsachen vorhanden.

Das sagen andere Camper:

»Der Stellplatz liegt auf einem komplett eingefriedeten Grundstück am Waldrand, mitten in der Natur und sehr ruhig. Eine Feuerstelle ist am Platz vorhanden, perfekt für ein Lagerfeuer!«

★★★★★

- Feuerstelle
- Haustiere willkommen

€€

67697 Otterberg

Jetzt buchen:

Tipp von Gastgeber Gerd:

»Schau mal im PWV Waldhaus im Himmelreich vorbei. In der gastwirtschaftlich betriebenen Wanderhütte kannst du eine schöne Verschnaufpause einlegen.«

Bei Neustadt an der Weinstraße

In herrlicher, ruhiger Lage findest du hier Stellplätze für Caravans und Wohnmobile an einem Pferdehof.

Zwischen Neustadt an der Weinstraße, Geinsheim und Haßloch gelegen, sind neben der fantastischen Natur auch Attraktionen für jedermann greifbar.

Die Stellplätze verfügen über Stromversorgung und es kann auch Frischwasser getankt und die Abwasserbehälter bei Bedarf geleert werden.

Haustiere sind willkommen, der Hundeplatz steht nach Absprache ebenfalls zur Verfügung.

>7m

Wasser

Strom

Haustiere willkommen

€

Tipp von Gastgeberin Ariane:

»In unserer Gegend finden im Sommer zahlreiche Weinfeste statt. Irgendwo ist immer was los und da solltest du dann vorbeischauen.«

67591 Mölsheim

Jetzt buchen:

Campen in Mölsheim

Campe auf einer idyllischen Wiese neben einem Hof. Bei schlechtem Wetter gibt es eine Ausweichmöglichkeit im Innenhof.

Hier bist du alleine für dich. Die Ausstattung umfasst einen Freisitz, Strom, Wasser und WLAN.

In der direkten Umgebung gibt es mehrere Weingüter, die für Weinliebhaber sicher interessant sind.

Vom Stellplatz aus gibt es direkt eine 3-stündige Wandertour, auf der du viele Wander-Highlights erleben kannst.

- Wasser
- Strom
- Hofladen
- Haustiere willkommen
- Wifi

€

>7m

Tipp von Gastgeber Alexander:
»Hier gibt es tolle Weingüter in der Umgebung, wie das Weingut Spindler.«

Wiese mit romantischem Ausblick

Hier stehst du auf einem Schotterplatz, oder bei gutem Wetter auch gerne auf der großen Wiese nebenan. Der Stellplatz befindet sich außerhalb von Heiligenmoschel, weswegen du die Ruhe und die Natur genießen kannst.

In der Nähe befindet sich die begehbare Sonnenuhr auf dem Reiserberg. Ansonsten kannst du wandern, Radfahren auf dem Höhenradweg und anschließend das Dorfcafé beim Erdmannshof besuchen.

Einkaufsmöglichkeiten findest du im Dorfladen Erdmannshof, mit einer Auswahl an regionalen Produkten. Für größere Einkäufe kannst du aber auch nach Kaiserslautern fahren.

Haustiere willkommen

€

>7m

67699 Heiligenmoschel

Jetzt buchen:

Das sagen andere Camper:

»Der Ausblick ist einfach nur traumhaft! Die Ruhe sorgt für totale Entspannung, hier findet man Naturcamping genau wie man es möchte. Ich kann den Platz nur weiterempfehlen. Ich komme wieder!«

★★★★★

Tipp von Gastgeber Klaus:

»In Rockenhausen befindet sich das Museum für Zeit. Das Pfälzische Turmuhrenmuseum ist eine schöne Abwechslung, wenn das Wetter mal nicht so gut ist.«

Natur erleben in Hessen

Willkommen in Hessen, einem Bundesland in der Mitte Deutschlands, das eine Fülle von Erlebnissen für Touristen bereithält. Die Region Rheingau ist berühmt für ihren Weinanbau und die malerischen Weinberge. Hier kannst du Weinproben in den zahlreichen Weingütern genießen und die regionalen Rieslinge verkosten.
Das Schloss Johannisberg, ein historisches Weingut, bietet Führungen durch die Kellereien.

Der Nationalpark Kellerwald-Edersee, ein UNESCO-Weltnaturerbe, ist ein Paradies für Wanderer, ebenso der Vogelsberg, ein erloschener Vulkan.

Immer einen Besuch wert, ist auch der Nationalpark Hainich, der einen der letzten verbliebenen Urwälder in Deutschland beherbergt. Hier kannst du auf den Baumkronenpfaden spazieren gehen und die unberührte Natur aus einer einzigartigen Perspektive erleben.

Kultur feiern

Für kulturell Interessierte bietet Hessen eine Vielzahl von Veranstaltungen und Festivals. Das Musikfestival 'Rheingau Musik Festival' zieht jedes Jahr Klassikliebhaber an, die die Klänge berühmter Musiker in historischen Konzertsälen und idyllischen

Weinbergen genießen. Die 'Documenta' in Kassel ist eine der bedeutendsten Ausstellungen zeitgenössischer Kunst weltweit und findet alle fünf Jahre statt.

Grün und köstlich

Die kulinarische Vielfalt Hessens ist nicht zu übersehen. Die regionale Küche bietet köstliche Gerichte wie Handkäse mit Musik, grüne Soße und Apfelwein – all das ist auffindbar in gemütlichen Gasthäusern und Restaurants, die die hessische Gastfreundschaft zelebrieren.

Wir empfehlen folgende Regionen:

- Taunus und Rheingau
- Hessisches Bergland
- Rhön

Rheingau und Taunus

Rheingau und Taunus erleben

Der Taunus erstreckt sich nordwestlich von Frankfurt und beeindruckt mit seinen dichten Wäldern, malerischen Tälern und charmanten Dörfern. Die Region ist ein Paradies für Naturliebhaber und bietet vielfältige Möglichkeiten für Outdoor-Aktivitäten.

Der Limeswanderweg ermöglicht dir, in die römische Geschichte einzutauchen und die alten Überreste zu erkunden.

Die Region ist auch für ihre Thermalquellen und Kurorte bekannt. Besuche Bad Homburg und entspanne in den Heilbädern oder genieße das kulturelle Wiesbaden.

Der Rheingau ist berühmt für seine Weinberge und pittoresken Ortschaften. Hier kannst du die hohe Kunst der Weinherstellung in den zahlreichen Weingütern erleben. Probiere den berühmten Riesling und genieße die malerische Aussicht auf den Rhein.

Rüdesheim am Rhein ist ein bezaubernder Ort, der von Touristen wegen seiner historischen Altstadt und dem Niederwalddenkmal geliebt wird. Unternehme eine entspannte Schifffahrt auf dem Rhein und erlebe die romantische Seite des Rheingaus.

Geschichte mal anders

Wenn du das nächste Mal den Taunus erkundest, solltest du dir den 'Geschichtstag Taunus und Main' nicht entgehen lassen. Dieser Tag findet jährlich an unterschiedlichen Terminen statt.

Hier kannst du in die faszinierende Römerzeit der Region eintauchen. Vom Limes bis zu den neuesten Ausgrabungsergebnissen erfährst du mehr über diese geschichtsträchtige Region. Der Geschichtstag bietet mit Vorträgen und Führungen spannende Einblicke. Eine gute Gelegenheit, die römische Vergangenheit der Region zu entdecken.

Das solltest du ausprobieren:

- Handkäs mit Musik
- Apfelwein
- Forelle

Alle Plätze im Rheingau/Taunus entdecken:

Malerischer Stellplatz auf Wiese

Hier campst du mitten auf einer Wiese hinter einem Hof mit wundervollem Weitblick in die Natur. Der Stellplatz verfügt über keine sanitären Einrichtungen, ist also nur für autarke Camper.
Der Platz befindet sich etwas außerhalb von Hünfelden-Dauborn und bietet dir den perfekten Startpunkt für eine herrliche Fahrradtour in Richtung Limburg oder durch das idyllische Gnadenthal Richtung Idstein. Auch schöne Wanderungen und Geocaching sind in der Gegend sehr gut möglich.

Ein Restaurant, ein Freibad, einen Schwimmbad-Kiosk, einen Bäcker und traditionelle Schnapsbrennereien findest du im Ort.

Haustiere willkommen

€

>7m

65597 Hünfelden

Jetzt buchen:

Tipp von Gastgeber Marco:

»Ich empfehle das Kloster Gnadenthal mit dem bauhistorisch und beeindruckenden Fachwerkgebäuden.«

Auf dem Bauernhof

Hier erlebst du ein Campingabenteuer direkt am Kerkerbach, der neben dem Bauernhof vorbeifließt. Der Stellplatz bietet dir nicht nur Strom und Wasser, du kannst auch direkt im Hofladen leckere Fleisch- und Wurstwaren kaufen.

Ebenfalls gibt es einen wunderschönen Radweg, welcher zum Fahrradfahren durch das Kerkerbachtal einlädt. Nicht weit entfernt liegen die kleinen Städte Limburg und Weilburg mit vielen Sehenswürdigkeiten, wie dem Limburger Dom oder dem Weilburger Schloss.

Auf dem Hof gibt es viele Tiere, wie Schweine, Rinder, Gänse und Pferde – deinen Kindern wird es hier also bestimmt nicht langweilig.

- Wasser
- Strom
- Schmutzwasserentsorgung
- Hofladen
- Haustiere willkommen

€

Tipp von Gastgeber Holger:
»Das Eiscafé Mancuso in Runkel hat tolles Eis. Für mehr Action kann ich eine Kanutour in Weilburg oder Runkel auf der Lahn empfehlen.«

Im Naturpark Rheingau Taunus

Hier stehst du auf einer Streuobstwiese mit Blick in die hügelige Taunuslandschaft, ganz nah an den bekannten Wisper-Trails. Unter den Bäumen kannst du den schönen Ausblick bewundern und entspannte Sonnenuntergänge genießen.

Frischwasser auffüllen und Grauwasser entleeren, ist auch kein Problem. Strom und Sanitäranlagen sowie eine Feuerstelle für gemütliche Abende stehen bereit. In der näheren Umgebung gibt es Wanderwege und einen Naturpark mit einem See und einer Schlucht. Mit der Familie lohnt sich ein Ausflug ins Taunus Wunderland. Die nächste große Einkaufsmöglichkeit befindet sich nicht weit entfernt.

- Wasser
- Strom
- Schmutzwasserentsorgung
- Toiletten
- Dusche
- Feuerstelle
- Haustiere willkommen

€

>7m

65321 Heidenrod

Jetzt buchen:

Tipp von Gastgeber Roland:

»Die Gaststätte Atzmannhütte in Heidenrod und das Restaurant 'Zur Hexenmühle' kann ich empfehlen. Übrigens, wenn du dein Pferd mitbringst, kann es hier auf dem Hof auch untergebracht werden.«

'Huibergblick' im schönen Untertaunus

Die 6 angebotenen Wohnmobilstellplätze liegen auf dem Gelände eines Aussiedlerhofes. Unterhalb des Hofes (3 Minuten Fußweg) befindet sich das attraktive Waldschwimmbad. Dieser Platz ist nur für autarke Camper geeignet, deinen Vierbeiner darfst du gerne mitnehmen.

In unmittelbarer Umgebung gibt es sehr schöne Wanderwege, wie zum Beispiel die 'Aarschleifen-Trails'. Des Weiteren findest du gut erschlossene Radwege, einen Segelflugplatz und den Freizeitpark 'Taunus-Wunderland'.

Einkaufsmärkte gibt es in 2,5 Kilometern Entfernung (Rewe, Lidl, Netto, DM). Ein Bäcker befindet sich auch im Ort.

Haustiere willkommen

€

>7m

65326 Aarbergen

Jetzt buchen:

Tipp von Gastgeber Julius:

»Der Adventure-Golf-Platz ist für alle, die Golf lieben, perfekt. Außerdem gibt es tolle Wanderwege, wie den Aar-Höhenweg.«

Das sagen andere Camper:

»Ein toller Platz mit Weitblick und guten Wandermöglichkeiten. Ganz in der Nähe liegt ein schönes Freibad. Der total nette Gastgeber hatte trotz Ernte auch Zeit für nette Gespräche. Wir kommen gerne wieder.«

★★★★★

Hessisches Bergland

Bereit fürs Bergland?

Das Hessische Bergland erstreckt sich über weite Teile von Hessen und bietet eine vielfältige und atemberaubende Naturkulisse. Die Region ist bekannt für ihre einladenden Wanderwege, die dir die Möglichkeit bieten, die Natur in vollen Zügen zu erleben. Ganz gleich, ob du gemütliche Spaziergänge oder anspruchsvollere Bergtouren bevorzugst, hier findest du für jeden Geschmack die passende Route.

Für Aktivurlauber bietet das Hessische Bergland zahlreiche Möglichkeiten für Outdoor-Aktivitäten. Du kannst Radtouren unternehmen, Kanu fahren, angeln oder einfach nur die Stille der Natur genießen. Im Winter verwandelt sich die Region in ein Paradies für Wintersportler, mit Skigebieten und Langlaufloipen.

Den Herkules bewunderen

Eine der bekanntesten Sehenswürdigkeiten in der Region ist der Herkules in Kassel, ein imposantes Wahrzeichen und UNESCO-Weltkulturerbe. Von der Spitze des Herkules hast du einen grandiosen Blick über das Hessische Bergland.

Die hiesige Gastronomie wird dich mit regionalen Köstlichkeiten verwöhnen, wie zum Beispiel der berühmten Ahle Wurst oder dem hessischen Apfelwein.

Party mit Herkules

Das Bergfest auf dem Kasseler Herkules ist eine der bekanntesten Veranstaltungen im hessischen Bergland. Jedes Jahr im Juli feiert diese Veranstaltung die Fertigstellung des imposanten Hercules-Denkmals sowie des Bergparks Wilhelmshöhe, der zum UNESCO-Weltkulturerbe zählt.

Es ist ein festlicher Anlass, der mit einem spektakulären Feuerwerk und einem vielfältigen kulturellen Programm aufwartet. Hierbei erlebst du nicht nur beeindruckende pyrotechnische Darbietungen, sondern auch eine breite Palette an künstlerischen Aufführungen, von Konzerten bis hin zu Theaterstücken sowie historischen Inszenierungen.

Das solltest du ausprobieren:

- Vogelsberger Riesenwurst
- 'Motten' und Klöße
- Apfelwein

Alle Plätze im Hessischen Bergland entdecken:

Entschleunigen auf dem Bauernhof

Camping auf einem Aussiedlerhof? Hier erfährst du ganz viel Ruhe und Erholung auf den 4 Stellplätzen im schönen Lahn-Dill-Bergland.

Lasse den stressigen Alltag an dir vorbeiziehen. Egal ob Mountainbiking auf dem Flowtrail oder entspannt ein Besuch in der Therme, hier ist alles möglich!

Dein Besuch auf dem Bauernhof mit vielen Tieren lädt zum Entschleunigen mit der ganzen Familie ein und im Hofverkauf kannst du dich mit allerlei versorgen.

Hofladen

Haustiere willkommen

Wifi

€

>7m

35080 Bad Endbach

Jetzt buchen:

Zelten idyllisch am Bach

Die Wiese, auf der du dein Zelt aufstellen kannst, liegt idyllisch an einem kleinen Bach nahe dem Ort Reibertenrod. In der Nähe befindet sich Alsfeld mit einer wunderschönen historischen Altstadt.

In Alsfeld gibt es auch die Möglichkeit, ein Kino, ein Schwimmbad (Hallenbad und Freibad) sowie eine Sauna zu besuchen. Rund um die Stadt gibt es natürlich auch einige interessante und abwechslungsreiche Rad- und Wanderwege. Nur 10 Minuten vom Stellplatz entfernt befindet sich ein Kinderspielplatz.
Wichtig: Auf der Zeltwiese selbst gibt es keine Toilette. Diese kannst du auf dem nahe gelegenen Hof rund um die Uhr benutzen.

36304 Alsfeld

Jetzt buchen:

Haustiere willkommen

€

Tipp von Gastgeber Stefan:
»Besuche die wunderschöne und historische Altstadt von Alsfeld.«

Erlebniscampen am Maislabyrinth

Direkt an einem Maislabyrinth hast du bestimmt noch nie gecampt. Auf 30.000 m² erstreckt sich das Outdoor-Vergnügen für die ganze Familie. Auch mit dem Kinderwagen oder Rollstuhl kannst du das Maislabyrinth besuchen. Hunde dürfen gerne mitkommen, müssen aber angeleint werden.

Hier findest du ein natürlich gewachsenes und biologisch abbaubares Freizeitvergnügen und zugleich einen lehrreichen Treffpunkt zwischen Landwirtschaft und Verbraucher. Egal ob eine professionell betriebene Gastronomie, einem Kleintierzoo oder ein großer Naturspielplatz – hier ist für Groß und Klein auf jeden Fall was dabei.

- Toiletten
- Hofladen
- Haustiere willkommen

€

>7m

4516 Vöhl

Jetzt buchen:

Einzelstellplatz im (K)Einhornland

Lust auf Erlebniscamping mit Alpakas? Dieser Stellplatz befindet sich direkt an der Alpaka-Wiese von Alpaka-Damen.

Gerne kann auch eine Alpakawanderung (für Campinggäste zum Sonderpreis) dazu gebucht werden. Außerdem kannst du tolle Produkte von den Alpakas kaufen.

Der Stellplatz befindet sich im schönen ruhigen Auenland in der Nähe eines ruhigen Baches, hier kannst du besonders den Sonnenuntergang ganz toll beobachten. Wasser, Toilette und Waschbecken stehen in der Nähe zur Verfügung.

35232 Dautphetal

Jetzt buchen:

- Wasser
- Toiletten
- Alpakas vor Ort

€€€

>7m

Am Fuße der Wasserkuppe

Der ganzjährig nutzbare Stellplatz befindet sich in zentraler Lage in der hessischen Rhön, am Fuße der Wasserkuppe.

Sanitäranlagen findest du hier auch. Auf dem großzügigen Gelände befindet sich ein kleiner Badesee mit einem Kanu und vor Ort können (nach Verfügbarkeit) Feuerschalen für ein Lagerfeuer, Sonnenschirme und Festzeltgarnituren genutzt werden.

Für kleine Feierlichkeiten und Zusammenkünfte kannst du ein großes Gemeinschafts-Tipi mit Lagerfeuerstelle und Stromanschluss mieten.
Auch ein eigener Hofladen ist auf dem Gelände.

- Wasser
- Strom
- Schmutzwasserentsorgung
- Toiletten
- Dusche
- Feuerstelle
- Hofladen
- Haustiere willkommen

€€

>7m

36157 Ebersburg

Jetzt buchen:

Inmitten der Apfelbäume

Hier stehst du auf einer Streuobstwiese mit Apfelbäumen direkt am Hof. Vom Platz aus kannst du übers Tal blicken.

Für gemütliche Abende steht dir eine Feuerschale zur Verfügung, Holz erhältst du gegen einen kleinen Aufpreis. Der Hofladen, nur 20 Meter entfernt, bietet dir Eier, Nudeln, Fruchtaufstriche, Steaks zum Grillen, Wurst und Konserven an.

Ein paar Ausflugstipps sind die Wasserkuppe, die Ebersburg, verschiedene Rundwanderwege und das Schloss Fasanerie. Ein Schwimmbad findest du in Dalherda (2 Kilometer) und in Gersfeld (12 Kilometer).

Tipp von Gastgeberin Petra:
»Empfehlen kann ich die Kaskadenschlucht – hier gibt es schöne Rundwege. Im Restaurant Weikardshof in Ebersburg kannst du lecker Essen!«

- Wasser
- Strom
- Feuerstelle
- Hofladen
- Haustiere willkommen

€

Ruhe an der Mühle

Wie wärs mit Camping direkt an der Ulster und dem Mühlbach? Der Stellplatz liegt auf einem Hof an einer ruhigen Maschinenhalle. Hier leben noch ein paar Hühner – die Eier werden im Hofladen verkauft.

Direkt im Ort startet der Ulstertalradweg und der Milseburg Radweg. Wenn du Lust auf Grillen oder ein Feuer am Abend hast, steht nach Absprache eine Feuerschale und ein Grillrost für dich bereit. Feuerholz kann erworben werden. Strom und Frischwasser können bei Bedarf auch gestellt werden.

Haustiere willkommen

€

>7m

36115 Hilders

Jetzt buchen:

Das sagen andere Camper:

»Super Stellplatz zum Fahrrad und Motorrad fahren oder wandern. Nette und freundliche Gastgeber. Ideal für einen Kurzurlaub in der schönen Rhön!«

Tipp von Gastgeber Andreas:

»Direkt im Ort startet der Premiumwanderweg 'Der Hilderser'. Im Gasthaus zur Krone und im 'Goldenen Stern', kannst du gemütlich zu Abend essen.«

Thüringen

Grünes Herz Deutschlands

Thüringen, ein Bundesland, das als ‘grünes Herz Deutschlands’ bekannt ist.

Der Thüringer Wald und die Rhön sind ein Paradies für Wanderer und Naturfreunde. Erkunde die vielen Wanderwege und erlebe die atemberaubende Landschaft, die von dichten Wäldern, malerischen Tälern und idyllischen Dörfern geprägt ist.
In den Sommermonaten kannst du in den zahlreichen Thüringer Seen schwimmen, segeln oder angeln.

Der Rennsteig, Deutschlands ältester Fernwanderweg, erstreckt sich über 170 Kilometer durch den Thüringer Wald und bietet unvergleichliche Wandermöglichkeiten.
Im Winter verwandelt sich die Region in ein Wintersportparadies mit Skigebieten und Loipen.

Berühmte Städte

Thüringen ist ein Land, das reich an Geschichte und Kultur ist. Beginne deine Reise in Weimar, der Stadt der Dichter und Denker. Hier kannst du das Goethe-Nationalmuseum und das Schillerhaus besichtigen, um einen Einblick in das Leben und die Werke dieser berühmten Schriftsteller zu erhalten.

Das Bauhaus-Museum in Weimar feiert das Erbe der berühmten Kunstschule und ist ein Muss für Kunstliebhaber.

von 'Sven_fotografiert' über Pixabay

Erfurt, die Landeshauptstadt, beeindruckt mit seiner gut erhaltenen Altstadt und dem imposanten Erfurter Dom. Besuche die Krämerbrücke, eine einzigartige Brücke, die mit Fachwerkhäusern gesäumt ist und zahlreiche Kunstgalerien und Handwerksläden beherbergt. Eine weitere historische Sehenswürdigkeit ist die Wartburg in Eisenach, wo Martin Luther einst die Bibel übersetzte.

Wir empfehlen folgende Region:

- Rhön

Traumhafte Sonnenaufgänge

Hier findest du gemütliche Stellplätze in Lenders. Unterhalb des dazugehörigen Hofes befindet sich der Platz, mit einer wunderschönen Aussicht zum Thüringer Wald. Du stehst hier direkt auf einer Wiese. Die Sonnenaufgänge hier sind wunderschön, einfach unvergleichlich!

Strom und Wasser stehen zur Verfügung, des Weiteren kann ein behindertengerechtes WC und Dusche im Haus genutzt werden. Vom Stellplatz aus kannst du direkt mit dem Rad starten. Die nächsten Einkaufsmöglichkeiten und ein Schwimmbad sind 6 Kilometer entfernt in Dernbach. Einen Badesee für heiße Tage findest du in 15 Kilometern Entfernung.

Wasser

Strom

Toiletten

Dusche

Haustiere willkommen

€

>7m

36404 Oechsen

Jetzt buchen:

Tipp von Gastgeber Martin:
»An heißen Tagen ist das Schwimmbad in Dernbach und der 15 Kilometer entfernte Badesee zu empfehlen.«

Das sagen andere Camper:
»Traumhafte Sonnenaufgänge? Das stimmt! Und alles drumherum war auch einfach traumhaft.«

★★★★★

Auszeit Lindigshof

Dieser Hof in Thüringen liegt am Ortsrand von Lindigshof im Wartburgkreis. Von der Obstwiese aus hast du einen freien Blick über Felder bis zum Waldrand. Der nahegelegene Rennsteig lädt zum Wandern und Radeln ein sowie der Werra-Suhltal-Radweg mit Verbindung an den Werratal-Radweg.

Eisenach, Bad Salzungen und das Bergwerk Merkers laden zu einem Besuch ein. Dir steht eine Feuerstelle, Sanitäranlagen, Grau- und Schwarzwasserentsorgung und Stromsäulen mit Münzeinwurf zur Verfügung. Schräg gegenüber, auf der anderen Straßenseite, befindet sich die Talsperre Ettenhausen.

- Wasser
- Strom
- Schmutzwasserentsorgung
- Toiletten
- Dusche
- Feuerstelle
- Haustiere willkommen

€€

>7m

99834 Gerstungen OT Lindigshof bei Marksuhl

Jetzt buchen:

Tipp von Gastgeberin Andrea:

»Sehenswert ist die Wartburg Eisenach und die Drachenschlucht Mariental in Eisenach.«

Wiese mit Apfelbäumen

Die Wiese, gesäumt von alten Apfelbäumen, auf der sich der Stellplatz befindet, liegt am Ortsrand, mit Blick auf einen Wald. Der Boden ist flach und damit auch ideal zum Zelten geeignet.
Weißendiez ist ein kleines Dorf umgeben von Wald und Feldern, sehr ruhig und idyllisch.
Die Entleerung deiner Campingtoilette über eine Kläranlage ist möglich, sofern du keine chemischen Zusätze benutzt.
Eine Feuerschale für gemütliche Abende kann für dich bereitgestellt werden.
In nur 3 Kilometern Entfernung liegt der Bade- und Angelteich der Gastgeber, der sehr gerne genutzt werden darf. In der Nähe befindet sich Bad Salzungen mit dem Sole-Heilbad und Eisenach mit der Wartburg.

Feuerstelle

Haustiere willkommen

€

36469 Bad Salzungen

Jetzt buchen:

Tipp von Gastgeberin Stefanie:
»Es gibt eine tolle Wanderung zu den Erdfällen im Naturschutzgebiet Dolinenhänge bei Frauensee und einen Badeteich findest du in der Nähe.«

Das sagen andere Camper:
»Wirklich ein sehr schöner Stellplatz, um autark Ruhe in einer schönen Gegend zu genießen. Hier werde ich sicherlich nochmals herkommen.«

★★★★★

Camping Rhönlife

Hier stehst du direkt in der Wiese am Ortsrand und hast einen sehr schönen Blick in die Weite der Rhön.

In 5 Kilometern Entfernung gibt es ein Freibad in Tann und auch ein Hallenbad in Hilders – auch in 5 Kilometern erreichbar. Du kannst von hier aus auch das Grüne Band besuchen und die Wasserkuppe ist nur 20 Kilometer entfernt. Wenn du nach Einkaufsmöglichkeiten suchst, die gibt es in Tann.

Hier kannst du dich auf super freundliche Gastgeber freuen und ein wunderschönes Plätzchen im Grünen mit fantastischer Aussicht – perfekt zum Erholen.

Wasser

Strom

Feuerstelle

Haustiere willkommen

Wifi

€€

36452 Kaltennordheim

Jetzt buchen:

Tipp von Gastgeberin Clarissa:

»Das Hallenbad in Hilders und das Freibad in Tann sind super. Wer gerne wandert, dem kann ich den Berggipfel ‘Wasserkuppe’ ganz in der Nähe empfehlen.«

Familiencamping

Der Stellplatz für Familien und Freunde liegt inmitten einer reizvollen Landschaft im ruhigen Dörfchen Bernshausen, direkt hinter dem Hotel der Gastgeber.
Die idyllische Grünfläche bietet Platz für 15 Wohnmobile und Wohnwagen sowie 20 Plätze für Zelte. Strom und Wasser sowie die sanitären Anlagen des Hotels stehen den Campern selbstverständlich jederzeit zur Verfügung.

In unmittelbarer Nähe befindet sich die Westernreitanlage des Hofes und auch der Badesee 'Schönsee' ist nicht weit entfernt. Darüber hinaus gibt es zahlreiche Möglichkeiten der Freizeitgestaltung, von Fuß- und Volleyball über Tischtennis und Kegeln in der hauseigenen Kegelbahn bis hin zu Tischkicker und Billard.

Wasser

Strom

Waschmaschine

Toiletten

Dusche

Feuerstelle

Haustiere willkommen

Wifi

€€

>7m

36466 Dermbach

Jetzt buchen:

Tipp von Gastgeber:

»Der Miniaturenpark 'mini-thür' in Ruhla ist sehenswert. Für Freizeitspaß kann ich noch die Sommerrodelbahn am Inselsberg empfehlen. Die Erlebniswelt 'Viba Sweets' ist für alle, die Süßes lieben.«

Sachsen

Inseln und Nationalparks

Sachsen, ein malerisches Bundesland im Osten Deutschlands, das mit seiner reichen Geschichte, atemberaubenden Landschaften und kulturellen Schätzen auf dich wartet.

Das Erzgebirge ist eine Region in Sachsen, die für ihre malerischen Berge und traditionelle Handwerkskunst bekannt ist. Hier kannst du handgefertigte Weihnachtsdekorationen, erzgebirgische Pyramiden und Räuchermännchen kaufen.

Im Winter bietet das Erzgebirge erstklassige Skimöglichkeiten und im Sommer zahlreiche Wanderwege. Der Fichtelberg, der höchste Berg in Sachsen, bietet atemberaubende Aussichten auf die Umgebung.

Die Sächsische Schweiz ist ein wahres Paradies für Naturliebhaber. Diese Region beeindruckt mit ihren bizarren Sandsteinformationen und tiefen Schluchten.
Der Nationalpark Sächsische Schweiz bietet unzählige Wander- und Klettermöglichkeiten, darunter den berühmten ‘Malerweg’. Ein Ausflug zur Basteibrücke bietet spektakuläre Ausblicke auf die Elbe und die umliegenden Täler.

Historische Städte

Sachsen ist auch für seine historischen Städte und Schlösser bekannt. In Meißen kannst du die weltberühmte Porzellanmanufaktur besichtigen und die Altstadt mit ihrem Dom und Schloss erkunden.

von 'amlicht' über Pixabay

Schloss Moritzburg, ein barockes Jagdschloss, ist von einem wunderschönen See umgeben und ein beliebtes Ausflugsziel. Das Wasserschloss Pillnitz ist ein weiteres architektonisches Juwel, das von prächtigen Gärten umgeben ist.

Schlemmen in Sachsen

Die regionale Küche ist geprägt von herzhaften Gerichten. Probiere den Dresdner Stollen, einen traditionellen Weihnachtskuchen, oder koste die leckeren sächsischen Klöße, die oft mit Braten serviert werden.

Wir empfehlen folgende Regionen:

- Erzgebirge
- Lausitz

Erzgebirge

Sommer wie Winter ein Traum

Willkommen im malerischen Erzgebirge, einer Region, die Campern eine Fülle von Möglichkeiten bietet, die Natur in ihrer vollen Pracht zu genießen. Dieses Gebirge erstreckt sich entlang der deutsch-tschechischen Grenze und ist berühmt für seine reiche Geschichte und seine wunderschönen Wälder.

Das Erzgebirge ist ein wahres Paradies für Outdoor-Enthusiasten. Hier kannst du zahlreiche Wander- und Radwege erkunden, die dich durch dichte Wälder und malerische Täler führen. Im Winter bieten die Erzgebirgsdörfer wie Seiffen und Altenberg ideale Bedingungen für Wintersport Aktivitäten wie Skifahren und Langlaufen.

Die Erzgebirgsregion ist auch für ihre traditionelle Handwerkskunst bekannt, insbesondere für die Herstellung von erzgebirgischen Holzspielzeugen und kunstvollen Schwibbögen. Du kannst Werkstätten besuchen, in denen Handwerker diese Kunstwerke herstellen, und vielleicht sogar selbst an einem Workshop teilnehmen.

Erzgebirgsmuseum

Eine der Hauptattraktionen der Region ist die Stadt Annaberg-Buchholz, die für ihre gut erhaltene Altstadt und die imposante St. Annenkirche bekannt ist. Hier findest du auch das Erzgebirgsmuseum, das einen faszinierenden Einblick in die Geschichte und Kultur der Region bietet.

Begehrtes Volksfest

Im Erzgebirge ist der Annaberger Kät in Annaberg-Buchholz eine hochgeschätzte Veranstaltung.

Dieses traditionsreiche Volksfest, das in der Regel Ende Oktober stattfindet, ist ein wahrer Höhepunkt in der Region. Mit einer Vielfalt an Attraktionen und Aktivitäten, wie Fahrgeschäften, Marktständen mit regionalen Spezialitäten, bietet der Kät den Besuchern ein Erlebnis voller Lebensfreude und kultureller Entdeckungen.

Das solltest du ausprobieren:

- Saure Flecken
- 'Schwammkopf'
- Eierschecke

Alle Plätze im Erzgebirge entdecken:

Stellplatz in Flussnähe

Am Rande eines Vereinsgeländes findest du Stellplätze in Flussnähe, die perfekt für ein paar erholsame Tage im Erzgebirge geeignet sind. Von hier aus kannst du sehr viel unternehmen. Es sind Sportaktivitäten direkt vor Ort möglich, wie Fußball, Volleyball, Ruderboot, Tischtennis oder im Fluss Baden.

Auch Wanderungen, Ausflüge zum Schloss Augustusburg oder ins kleine Erzgebirge lassen sich vom Stellplatz aus gut unternehmen. Auf das Schloss hast du übrigens vom Stellplatz aus einen tollen Blick. Am Schloss gibt es auch eine Sommerrodelbahn und einen Minigolfplatz. Du kannst auch ins Freibad Erdmahndorf oder ins Erlebnisbad Marienberg gehen.

- Strom
- Toiletten
- Dusche
- Feuerstelle
- Haustiere willkommen

€€

09557 Flöha

Jetzt buchen:

Tipp von Gastgeberin Katja:

»Das Schloss Augustusburg hat mit seiner Drahtseilbahn, seiner Sommerrodelbahn und einem Minigolfplatz ordentlich was zu bieten! «

Panoramablick Viechzig

Dieser ruhige Stellplatz hat eine wunderbare Aussicht auf die Talsperre Eibenstock und den Auersberg. Von hier aus kannst du per Rad, per Pferd oder zu Fuß einen wunderschönen Ausflug starten. Unmittelbar neben dem Platz findest du den 'Hundshübler Kanada Blick' und viele Wanderwege, ein Outdoor-Gym sowie eine Kneippanlage. Im Dorf gibt es ein Restaurant sowie einen guten Bäcker. Weitere Einkaufsmöglichkeiten befinden sich in Nachbarorten. In verschiedenen Badelandschaften, Freizeitparks oder Museen kannst du die Vielfalt des Erzgebirges genießen. Der Stellplatz befindet sich neben einer privaten Scheune und dir steht ein Stromanschluss zur Verfügung.

Strom

Feuerstelle

€

08328 Stützengrün

Jetzt buchen:

Das sagen andere Camper:

»Wir haben uns in den zwei Tagen, die wir dort verweilt haben, sehr wohlgefühlt. So eine Ruhe hatten wir schon lange nicht mehr und auch einen super Ausblick.«

★★★★★

Tipp von Gastgeber Rico:

»Es gibt einen tollen Rundweg um die Talsperre Eibenstock. An heißen Tagen ist die Kneippanlage in der Nähe des Stellplatzes super. Wer Outdoor-Fitness liebt, auch das gibt es in der Nähe des Stellplatzes.«

Wiesner´s Teichwirtschaft

Hier stehst du auf einem, inmitten einer erzgebirgischen Moorlandschaft liegenden, familiengeführten Platz. Der Platz befindet sich direkt an Fischteichen und einer Gaststätte, in der du den hauseigenen Fisch, aber auch andere leckere Gerichte probieren kannst.

Hier kannst du morgens frische Brötchen holen und ansonsten auch von der Infrastruktur profitieren.

Das Gelände ist ruhig gelegen, etwas außerhalb der Kleinstadt und bietet alles, was man zum Erholen braucht. Vierbeiner sind herzlich willkommen. Zahlreiche Spaziergänge und Wanderwege zum Scheibenberg liebt bestimmt auch dein Hund.

Wasser

Strom

Schmutzwasserentsorgung

Feuerstelle

Haustiere willkommen

Wifi

€

>7m

09481 Scheibenberg

Jetzt buchen:

Tipp von Gastgeber Nico:

»In der Umgebung findest du folgende Ausflugstipps: das Naturbad Schlettau, Binge (historische Sehenswürdigkeit) und den Natur- und Wildpark Waschleithe.«

Streuobstwiese im Erzgebirge

Der Erlebnisbauernhof liegt sehr idyllisch am Rande eines kleinen, ruhigen Dorfes auf 550 Metern Höhe. Du stehst auf einer großen, alten Streuobstwiese, gemütlich hinter dem Bauernhaus, mit Strom-, Wasser- und Abwasseranschluss. Auch eine Waschmaschine steht zur Nutzung bereit.

Einkaufsmöglichkeiten gibt es im 2 Kilometer entfernten Nachbardorf. Es gibt 2 Freibäder und zahlreiche gemütliche Gaststätten in unmittelbarer Nähe. Viele touristische Attraktionen warten auf dich, wie Tierparks, Schaubergwerke und Kletterparks. Chemnitz ist etwa 40 Kilometer entfernt. Die wunderschöne Landschaft bietet dir große Waldgebiete mit unzähligen Wander- und Radwegen.

- Wasser
- Strom
- Schmutzwasserentsorgung
- Waschmaschine
- Toiletten
- Feuerstelle
- Haustiere willkommen

€€

>7m

Tipp von Gastgeber Jörg und Annette:

»Wir können den Berggasthof und Pension Haus Fürstenberg für ein erstklassiges Essen empfehlen. Das Besucherbergwerk Zinnkammern Pöhla ist auch spannend für Groß und Klein.«

09481 Elterlein OT Schwarzbach

Jetzt buchen:

Für Naturliebhaber

Herzlich willkommen auf der gemütlichen Wiese in der Nähe des Bauernhofes. Auf dem Hof gibt es eine Katze – Hunde sind aber trotzdem willkommen.

Im Sommer kannst du dich hier im nur 3 Kilometer entfernten Strandbad abkühlen.

Sehenswürdigkeiten gibt es viele: Die alte Wehrkirche im Ort, das Waldgebiet mit Trinkwasserstausee in 5 Kilometern (hier kannst du auch schwimmen) und die Quarksteine (kleine Felsenformation mit Grillstellen).

Im Nachbarort (circa 7 Kilometer) findest du einen Tierpark und in Zwickau das Automobilmuseum. Für weitere Tipps kannst du einfach den Gastgeber fragen.

- Strom
- Schmutzwasserentsorgung
- Feuerstelle
- Haustiere willkommen
- Wifi

€

>7m

08064 Zwickau

Jetzt buchen:

Tipp von Gastgeber Gernold:
»Meine Tipps sind die alte Wehrkirche, das Waldgebiet mit Trinkwasserstausee, die Quarksteine (kleine Felsenformation mit Grillstellen) und der Tierpark.«

Das sagen andere Camper:
»Gernold ist ein sehr netter und zuvorkommender Gastgeber, es hat uns sehr gut gefallen – wir kommen wieder.«

★★★★★

Im Erzgebirgsidyll

Mitten in der Natur und in den schönen Wäldern des Erzgebirges findest du den kleinen Ferienpark. Umgeben von Hainbuchen stehen dir 4 Einzel- und 2 Doppelstellplätze zur Verfügung. In dem erzgebirgischen Idyll erwarten dich eine Minigolfanlage, sowie 2 große Spielplätze für die Kleinen und ein Swimmingpool, der von Mai bis September zum Badespaß einlädt.

Die Mountainbike Trailstrecke führt direkt an dem Ferienpark vorbei. In der Nähe erreichst du zu Fuß einen schönen Wasserspielplatz. Außerdem steht ein Wellnessbereich mit 2 Hot-Tubs und einer Waldsauna gegen Gebühr zur Verfügung. Auch ein Brötchenservice kann gerne in Anspruch genommen werden.

Wifi

€

>7m

08359 Breitenbrunn/Erzgeb.

Jetzt buchen:

Das sagen andere Camper:

»Ich traf auf sehr nette, kinderfreundliche Gastgeber. Hier steht man mitten in der Natur, von großen Nadelbäumen umringt und sehr ruhig.«

Tipp von Gastgeber:

»Der Wasserspielplatz am Klughäuser Weg ist toll, genauso wie die Mountainbike-Strecke, die direkt am Ferienpark vorbei führt.«

Lausitz

Entdecke die Lausitz

Die Lausitz erstreckt sich über Teile von Deutschland und Polen und die Bundesländer Sachsen und Brandenburg. Sie ist bekannt für ihre einzigartige Landschaft, geprägt von Seen, Wäldern und Mooren.

Für Naturliebhaber ist die Lausitz die perfekte Region im Osten von Deutschland. Die ausgedehnten Wälder und Moore sind ideale Orte für Wanderungen und Radtouren. Der Spreewald, ein UNESCO-Biosphärenreservat, bietet einzigartige Kanäle und Kahnfahrten durch die idyllische Landschaft.

Wenn du gerne Vögel beobachtest, ist die Lausitz ein Paradies. Der Naturpark Niederlausitzer Heidelandschaft beherbergt seltene Vogelarten und ist ein Muss für Vogelkundler.

Görlitz und Bautzen

Die Region ist auch reich an kulturellem Erbe. Besuche das Städtchen Görlitz, das mit seiner gut erhaltenen Altstadt und den historischen Gebäuden einen charmanten Einblick in die Geschichte bietet. Erkunde auch das Sorbische Kulturerbe in Bautzen, hier kannst du die sorbische Sprache und Traditionen erleben kannst.

Lausitzer Spreewaldfest

Im Herzen der Lausitz ist das 'Spreewaldfest' in Lübbenau eine Veranstaltung.

Dieses jährliche Event im Sommer zieht Besucher aus nah und fern an und feiert die einzigartige Kultur und Natur des Spreewalds. Während des Festes kann man Kahnfahrten entlang der malerischen Kanäle erleben, traditionelle Tänze genießen, regionale Spezialitäten kosten und kulturelle Vorführungen bewundern. Das bunte Rahmenprogramm bietet für Familien und Besucher jeden Alters eine Fülle an Aktivitäten. Das Spreewaldfest gibt einen faszinierenden Einblick in die Vielfalt und den unwiderstehlichen Charme der Lausitz und des Spreewalds.

Das solltest du ausprobieren:

- Baumkuchen
- Biersalami
- Bautzener Senf

Alle Plätze in der Lausitz entdecken:

>7m

- Wasser
- Strom
- Feuerstelle
- Hofladen
- Alpakas vor Ort
- Wifi

€

Bei den Alpakas

Der Stellplatz kann ganzjährig genutzt werden, liegt in der Nähe eines Waldes und bietet dir Sicht auf das Alpakagehege.

Hier kannst du auch eine Alpaka-Wanderung buchen. Weitere Tipps für Ausflüge sind der Saurierpark in Kleinwelka etwa 20 Kilometer entfernt, der Kletterpark in Bautzen circa 15 Kilometer entfernt und der schöne Stausee Sohland 10 Kilometer entfernt. Es gibt außerdem viele Einkehrmöglichkeiten für Wanderer und Radfahrer in der näheren Umgebung. Im nächsten Ort in Steffenlindner findest du eine Schnapsbrennerei.

02681 Wilthen

Jetzt buchen:

Tipp von Gastgeber Steffen:

»Gutes Gebäck gibt es in der Bäckerei Gnauck in Neukirch. Der Saurierpark in Bautzen ist ein Spaß für die ganze Familie.«

Naturerlebnis auf dem Landgut

Das denkmalgeschützte Landgut liegt am Rande der Sächsischen Schweiz in unmittelbarer Nähe zu Dresden. Natur pur: Umgeben von weitläufigen Weiden, Streuobstwiesen und hügeligen Landschaften liegt der autarke Einzelstellplatz mit Blick über das Elbsandsteingebirge, den Lilienstein und der Festung Königstein.

Saisonal kann frisches Obst von den Streuobstwiesen probiert werden. Auf Anfrage wird dir auch Ponyreiten und eine Erlebnisführung angeboten. Bei der Versorgung der Pferde, bei Heu- und Obsternte kann mitgeholfen werden. Ausgewiesene Wald- und Wanderwege führen dich durch die Sächsische Schweiz.

01825 Liebstadt

Jetzt buchen:

€€

Tipp von Gastgeber Steffen:
»Frühlingszeit ist Fohlenzeit – begrüße unsere neugeborenen Fjordpferd-Fohlen. Oder das Bienenwald-Labyrinth – erlebe eine Entdeckertour durch den Lebensraum von Wildbiene Wonka, wo es summt und brummt.«

Idyllische Lage am Fluss

Hier stehst du auf einer Wiese direkt am Fluss, umgeben von Wald. An heißen Tagen lädt der Fluss zum Schwimmen ein. Das vorhandene Boot darf gerne zur Überquerung des Flusses genutzt werden, um beispielsweise nach Mittweida zu kommen.

Aus dem vorhandenen Wasserhahn bekommst du frisches Brunnenwasser. Ein guter Ausflugstipp ist, mit dem Rad am Fluss entlang Richtung Talsperre Kriebstein zu fahren. Dort kannst du mit der Fähre eine Überfahrt machen oder einfach die Natur genießen. Auf dem Weg dorthin liegt auch die Burg Kriebstein. Leipzig und Dresden erreichst du in jeweils 45 bis 60 Minuten.

Wasser

Strom

Feuerstelle

Wifi

€€

>7m

09648 Mittweida

Jetzt buchen:

Tipp von Gastgeber Conrad:
»Das Schaubergwerk in Schönborn ist fußläufig zu erreichen. Außerdem gibt es ganz in der Nähe den Kletterspot ‘Roter Bruch’ und über 5 Schlösser in der Umgebung, darunter Schloss Augustusburg.«

Das sagen andere Camper:
»Toller Stellplatz am Wasser, hat uns sehr gut gefallen. Konnten auf dem Steg schön ruhig frühstücken, direkt am Fluss.«

★★★★★

Stellplatz Oberlausitz

Du willst dich vom stressigen Alltag erholen? Hier campst du mitten in einem Teich-Landschaftsgebiet. Du kannst oftmals allerlei Flugvögel auf den Seen und umliegenden Feldern beobachten. Außerdem bist du von viel Wald umgeben und nicht selten kannst du hier auch Wölfe, Rehe, Hirsche und Wildschweine zu Gesicht bekommen.

Der nächste Badesee oder ein Schwimmbad sind in 10 Minuten zu erreichen. In sonniger und ruhiger Lage kannst du hier wandern, Rad fahren und dich erholen. Es gibt in der näheren Umgebung viele Freizeitangebote, die mit dem Auto oder Fahrrad leicht zu erreichen sind.

Wasser

Strom

Schmutzwasserentsorgung

Haustiere willkommen

Toiletten

Wifi

€€

>7m

02923 Hähnichen

Jetzt buchen:

Tipp von Gastgeber:

»Görlitz und Bautzen haben eine wunderbare Altstadt, der Fürst-Pückler-Park ist schön. Im nicht weit entfernten Niesky gibt es die 'NY-One | Café, Bar & Lounge' in einer schönen Location.«

Natur Pur, dazu ein Schoppen Wein

Auf diesem ruhig gelegenen Hof kannst du je nach Jahreszeit dem Ruf des Kuckucks lauschen oder einfach nur die Stille genießen. Am besten bei einem guten Glas selbst gekelterten Brandenburger Wein.

Erlebe einen kleinen Bauernhof mit lustigen Vögeln, Eseln, Damwild, Ziegen, Schweinen und einem leicht reizbaren Lama.

Die Gastgeber bereiten gerne ein Frühstück zu und organisieren eine spontane Wanderung zu den Weinbergen. Oder du leihst dir ein Kajak und fährst auf der Schwarzen Elster vom Hof in den 'kleinen Spreewald' und zurück.

Schmutzwasserentsorgung

Haustiere willkommen

Wifi

€

>7m

04924 Bad Liebenwerda

Jetzt buchen:

Tipp von Gastgeber Rico:

»Der Lubwartturm in Bad Liebenwerda und das Marionettenmuseum sind toll. Nur etwa 2 Kilometer entfernt gibt es die gute Bäckerei Dom.«

Das sagen andere Camper:

»Der Stellplatz ist ein super Startpunkt für Radtouren, Spaziergänge oder Kanufahrten. Tagsüber ist es hier belebt, das Tiergehege ist ein Anziehungspunkt für Familien. Abends ist es dann aber sehr ruhig.«

★★★★★

Auf dem Pferdehof der Oberlausitz

Willkommen auf dem Ferienbauernhof mit dem wohl schönsten Ausblick in der Oberlausitz. Hier findest du drei Stellplätze, die besonders auf Familien und deren Bedürfnisse abgestimmt sind. Verbringe einen unvergesslichen Urlaub kurz hinter Dresden, nahe der polnischen Grenze und lerne die besonderen Orte der Oberlausitz kennen. Durch die gute Verkehrsanbindung bist du im Handumdrehen in Städten wie Bautzen, Löbau oder Görlitz.

Du machst Urlaub mitten auf dem Bauernhof mit Pferden, Hasen, Katzen und vielen weiteren Tieren. Neben einem weitläufigen Grundstück bieten wir eine Grillecke (gegen Aufpreis) Reitunterricht und vieles mehr.

- Wasser
- Strom
- Feuerstelle
- Haustiere willkommen
- Wifi

€€

>7m

02627 Weißenberg

Jetzt buchen:

Tipp von Gastgeber Steffen:
»Empfehlen kann ich das Städtchen Bautzen, Löbau und Görlitz. Außerdem die Imkerei Diener und die Wallburg – auch Lausker Schanze genannt.«

Das sagen andere Camper:
»Super Stellplatz mit wunderschöner Aussicht und traumhaften Sonnenuntergängen.«

★★★★★

Sachsen-Anhalt

Berge und Flüsse

Sachsen-Anhalt, reich an Geschichte, Kultur und atemberaubender Natur. Dieses Bundesland im Herzen Deutschlands bietet eine Fülle von Sehenswürdigkeiten, Unternehmungen und Aktivitäten für Touristen, die auf der Suche nach einem unvergesslichen Urlaubserlebnis sind.

Für diejenigen, die die Natur lieben, bietet der Nationalpark Harz und die Dübener Heide eine Vielzahl von Outdoor-Aktivitäten. Wandern, Radfahren und Skifahren sind nur einige der Möglichkeiten, um die atemberaubende Landschaft des Harzgebirges zu erkunden. Die Elbe durchquert Sachsen-Anhalt und bietet großartige Möglichkeiten für Wassersportarten wie Kanufahren und Bootsfahrten.

Außerdem kannst du die Weinregion Saale-Unstrut besuchen und dich von den örtlichen Winzern beeindrucken lassen.

Historische Vielfalt erleben

Die Stadt Quedlinburg, die zum UNESCO-Weltkulturerbe gehört, ist berühmt für ihre gut erhaltenen Fachwerkhäuser aus dem Mittelalter.

Ebenfalls einen Besuch wert ist das Schloss Wernigerode, ein imposantes Märchenschloss mit einer herrlichen Aussicht auf den Harz. Das Kloster ‘Unser Lieben Frauen’ in Magdeburg ist ein weiteres Highlight – seine gotische Architektur und seine faszinierende Geschichte sind äußerst beeindruckend.

von ‘geraldfriedrich2’ über Pixabay

Besuche das bekannte Bauhaus in Dessau und tauche ein in die Welt der modernen Architektur. Eine Fahrt mit der Harzer Schmalspurbahn ist ein nostalgisches Erlebnis, bei dem du die Schönheit des Harzes aus einer historischen Dampflokomotive bewundern kannst.

Jetzt wird’s kulinarisch

Die köstliche regionale Küche ist ebenfalls einen Versuch wert – probiere die Harzer Wurst oder die Hallorenkugeln, eine süße Spezialität aus Halle.

Wir empfehlen folgende Regionen:

- Altmark
- Harz

Altmark

Ab in die Altmark

Besuche die Altmark, eine märchenhafte Region Sachsen-Anhalts, die Naturliebhaber und Camper gleichermaßen begeistert. Hier kannst du das wahre, unverfälschte Landleben erleben und die Schönheit der unberührten Natur genießen.

Auf deiner Reise wird dir viel geboten. Wandere oder radle entlang der Elbe oder erkunde die zahlreichen Naturparks. Die Altmark ist auch ein Paradies für Vogelbeobachter, da sie ein wichtiger Rastplatz für Zugvögel ist. Ein weiterer Höhepunkt ist der Drömling, ein riesiges Feuchtgebiet, das von zahlreichen Wasserläufen durchzogen ist. Hier kannst du die einzigartige Tier- und Pflanzenwelt bewundern und dich in der Stille der Natur verlieren.

Fachwerkkunst und Schlösser

Das Alleinstellungsmerkmal liegt in den historischen Fachwerkhäusern und Schlössern, die inmitten der ländlichen Idylle liegen. Die Hansestadt Salzwedel beeindruckt mit ihrem mittelalterlichen Flair und köstlichem Salzwedeler Baumkuchen.

Gehe auf Erkundungstour in charmanten Dörfern, wie Arendsee und lass dich von der Freundlichkeit der Einheimischen begeistern.

Wintertraum im Freilichtmuseum

Im Dezember lockt das Freilichtmuseum Diesdorf mit einem einzigartigen, historischen Weihnachtsmarkt. In einer zauberhaften Atmosphäre, die von mehr als 20 festlich geschmückten historischen Häusern geprägt wird, kann man in die weihnachtliche Tradition der Altmark eintauchen.

Plätzchen und traditionelle Geschenke kaufen, ein Puppentheater und ein historisches Karussell entdecken, auch der Weihnachtsmann, die sieben Zwerge und Schneewittchen besuchen den Markt und haben Überraschungen für Kinder im Gepäck.

Das solltest du ausprobieren:

- Baumkuchen
- 'Dicke Dörthe' Bier
- Spargel

Alle Plätze in der Altmark entdecken:

Wiese mit Weitblick

Der Stellplatz befindet sich direkt im schönen Allertal auf einer Wiese mitten in der Natur. Von dem Hügel, auf dem sich der Stellplatz befindet, hast du einen schönen Ausblick.

In der Umgebung sind zahlreiche Wanderwege vorhanden, Lebensmittel für den täglichen Bedarf findest du in circa 8 Kilometern Entfernung. Helmstedt und der Naturpark Drömling sind eine Unternehmung wert. Dort findest du auch viele Rad- und Wanderwege.

In nur 30 Minuten kommst du mit dem Wohnmobil/Auto nach Magdeburg. Dort lohnen sich der Besuch des Doms und des alten Markts.

Haustiere willkommen

€

>7m

39343 Ingersleben

Jetzt buchen:

Das sagen andere Camper:
»Dieser Stellplatz ist ein absoluter Geheimtipp! Man steht auf einem Hügel mit gutem Ausblick. Ich wäre am liebsten länger geblieben.«

Tipp von Gastgeber David:
»Für Naturliebhaber ist die Velpker Schweiz ein gutes Ziel, direkt im Nachbarort.«

Am Rande des Drömlings

Dieser Stellplatz gehört zu einem kleinen Familienunternehmen, umrahmt von Drömling und Altmark.

Hier kannst du Honig vom Imker und Eier aus eigener Haltung erwerben. Die Gegend eignet sich optimal zum Radfahren und Wandern, da die Natur im Drömling und an der Ohre vielfältig erkundbar ist.

Kleine Cafés in der Umgebung laden zum Verweilen ein. Ein optionaler Brötchenservice lässt dich vital in den Tag starten!

Strom

Toiletten

Dusche

Hofladen

Haustiere willkommen

€

>7m

39638 Calvörde

Jetzt buchen:

Das sagen andere Camper:
»Wirklich ruhiger und schöner Stellplatz!«

★★★★★

Tipp von Gastgeberin Bianca:
»Unbedingt besuchen solltest du das Keprer Horst Restaurant 'Der Wasserbüffel'. Den besten Kuchen gibt es bei der Bäckerei Nitzschke.«

39638 Gardelegen

Jetzt buchen:

Historische Kulisse

Das Gelände dieses Stellplatzes ist eingefasst durch Teiche, Streuobstwiesen, Hecken und Wiesen. Direkt hinter dem Hofgelände befindet sich ein Spielplatz.

Eine Besichtigung des historischen Areals ist auf Anfrage buchbar. In der Nähe befindet sich Lindstedt, ein idealer Ausgangspunkt für Wanderungen und Radtouren durch die flache Landschaft der Altmark. Beispielsweise in das Jävenitzer Moor, die Kellerberge, vorbei an Feldern, Bächen, Wiesen und Gräben.

Die altmärkischen Hansestädte Gardelegen, Salzwedel, Stendal und Tangermünde sind ebenfalls eine Tour wert.

- Wasser
- Strom
- Haustiere willkommen

€

Tipp vom Gastgeber:

»In der Nähe steht eine tausendjährige Eiche auch ‘Zichtauer Eiche’ genannt. Die solltest du dir ansehen.«

Seeblick auf die blaue Perle

Dieser Stellplatz befindet sich auf einer Wiese mit Sträuchern und einem Blick auf den Arendsee. Baden ist vor Ort durch einen privaten Zugang zum See möglich.

Hunde sind auf diesem Platz im Grünen am See erwünscht. Trotz der idyllischen Lage bist du schnell im Ort und kannst daher bequem zu Fuß einkaufen gehen.

Der See kann zu Fuß oder per Fahrrad umrundet werden, eine Fischräucherei am Seerundweg lädt zum Verweilen und Genießen von geräuchertem Fisch ein.

- Wasser
- Feuerstelle
- Haustiere willkommen

€

>7m

Tipp von Gastgeberin Dana:

»Die Lage direkt am See ist einfach perfekt. Nutze den Rundweg, um den See in seiner ganzen Schönheit zu betrachten.«

Harz

Im Herzen des Harz

Willkommen im Harz, einer Region, die mit ihrer einzigartigen Kombination aus Naturwundern und Geschichte beeindruckt.

Hier im Herzen Deutschlands findest du einige der faszinierendsten Stellplätze, und kannst die Schönheit dieser Region hautnah zu erleben.

Der Harz erstreckt sich über Niedersachsen, Sachsen-Anhalt und Thüringen und ist für seine abwechslungsreiche Landschaft bekannt. Hohe Berge, dichte Wälder und malerische Täler prägen die Region. Der majestätische Brocken, der höchste Berg des Harzes, bietet eine atemberaubende Aussicht und ist ein beliebtes Ziel für Wanderer.

Vor allem für Märchen und Legenden bekannt, bietet die Umgebung viele magische Sehenswürdigkeiten. Die Höhlenwohnungen und die Teufelsmauer sind Orte, die dich in die mystische Welt des Harzes entführen.

Weltkulturerbe Quedlinburg

Besuche die UNESCO-Weltkulturerbe-Stadt Quedlinburg mit seinen gut erhaltenen Fachwerkhäusern oder die beeindruckende Kaiserpfalz in Goslar. Das Schloss Wernigerode und die historische Altstadt von Wernigerode sind ebenfalls sehenswert.

Hexensabbat im April

Bist du bereit für ein gruseliges Abenteuer? Auf dem Brocken im Harz findet in der letzten Aprilnacht der Hexensabbat statt, zu dem der Teufel seine Hexen und Zauberdiener einlädt.

Die Zeremonie beinhaltet einen geheimnisvollen Teil, bei dem die letzte Hexe, die den Brocken erreicht, ein düsteres Schicksal ereilt.
Sei gespannt und lass dich von diesem Schauspiel in den Bann ziehen.

Das solltest du ausprobieren:

- Waldhimbeergeist
- Hirschschinken
- Pfefferbeißer

Alle Plätze im Harz entdecken:

06408 Ilberstedt

Jetzt buchen:

Ausspannen an der Wipper

An diesem Stellplatz steht dir eine Feuerstelle zur Verfügung. Hier findest du Ruhe und Entspannung, direkt an der Wipper.

Nach Süden schweift der Blick in die Ferne, ab und zu lassen sich sogar Rehe blicken. Du darfst hier gerne ein paar Äpfel und Birnen von der Streuobstwiese pflücken. Hunde sind erlaubt, allerdings müssen sie zum Schutz des Wildes angeleint bleiben.

Feuerstelle

Haustiere willkommen

€

Das sagen andere Camper:

»Natur, Wasser, Lagerfeuer und Einsamkeit. Was will man mehr?«

★★★★★

Tipp von Gastgeber Rolf:

»Ein uriges Gartenlokal ist die Gaststätte Reimann bei Bernburg.«

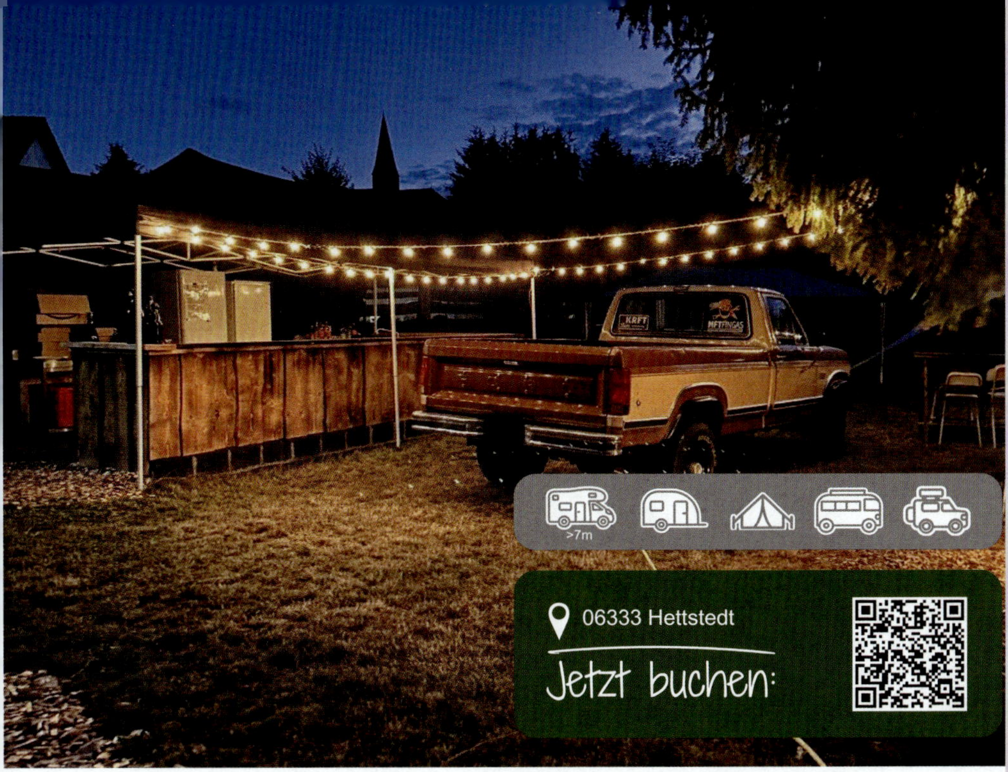

Camping in der Kupferstadt Hettstedt

Dieser ruhig gelegene Stellplatz in Molmeck umfasst eine Fläche von 2500 m² und liegt direkt im Zentrum von Hettstedt.

Für ausreichend Freizeitgestaltung ist gesorgt: eine Feuerstelle, ein Bogenschießstand, eine Tischtennisplatte und Sitzmöglichkeiten bieten dir einen abwechslungsreichen Urlaub.

Gegen Aufpreis kann in der dazugehörigen Pension gefrühstückt werden, auch selbst gebrautes Bier wird angeboten. In der Nähe gibt es einige Restaurants zu entdecken.

- Wasser
- Strom
- Toiletten
- Dusche
- Feuerstelle
- Haustiere willkommen

€

Tipp von Gastgeber André:
»Die Brauerei 'Harzer Craft-Bier' garantiert echte regionale Braukunst.«

Nordrhein-Westfalen

Naturvielfalt in NRW

Nordrhein-Westfalen bietet eine beeindruckende Naturlandschaft. Das Sauerland ist ein Paradies für Wanderer und Naturliebhaber. Hier kannst du durch dichte Wälder und malerische Täler wandern und frische Bergluft schnuppern.

Der Nationalpark Eifel ist ein weiteres Highlight, da er eine unberührte Wildnis mit zahlreichen Wander- und Radwegen bietet.

Für Aktivurlauber gibt es in Nordrhein-Westfalen zahlreiche Outdoor-Aktivitäten. Der Ruhrtal-Radweg erstreckt sich entlang des Flusses Ruhr und bietet ideale Bedingungen für Radtouren.
Ebenso bietet das Münsterland zweifellos schöne Flecken, die du besuchen solltest

Das Land der Städte

Karneval in 'Kölle', Kunstgalerien in Essen oder zu Besuch in der Landeshauptstadt Düsseldorf. Während dich in Düsseldorf eine moderne Stadt erwartet, kannst du in Essen die Industriekultur hautnah erleben und moderne Kunstgalerien besuchen.

Im Landschaftspark in Duisburg vereinen sich Natur und Industriedenkmal. Kostenfrei kannst du die Großstadtoase ganzjährig besuchen, es finden aber auch regelmäßig Veranstaltungen statt. Schau einfach auf der Website des Landschaftsparks vorbei und finde heraus, ob etwas für dich dabei ist.

von 652234 über Pixabay

Karneval und Currywurst

Nordrhein-Westfalen ist das ganze Jahr über ein lebendiges Bundesland.

Der Kölner Karneval ist eine der bekanntesten Karnevalsfeiern in Deutschland und zieht Tausende von Besuchern an. Die Düsseldorfer Rheinkirmes ist ein Volksfest mit zahlreichen Fahrgeschäften und kulinarischen Leckereien.

Probiere den rheinischen Sauerbraten, der zartes Fleisch mit einer süßsauren Soße kombiniert, oder genieße die berühmte Currywurst an einem der vielen Imbissstände. Vergiss nicht, ein frisch gezapftes Kölsch oder Altbier zu probieren, das in der Region gebraut wird.

Wir empfehlen folgende Regionen:

- Bergisches Land
- Münsterland
- Sauerland
- Eifel

Natur und Tradition

Du hast das Bergische Land gefunden, eine Region von bezaubernder Schönheit und Vielfalt, die perfekt für Camper geeignet ist, die die Natur und Kultur gleichermaßen schätzen. Hier kannst du einige der schönsten Stellplätze genießen, die das Bergische Land zu bieten hat.

Das Bergische Land erstreckt sich über Teile von Nordrhein-Westfalen und Rheinland-Pfalz. Es lohnt sich, die traditionelle Holzkunst zu bestaunen. Für diejenigen, die die Natur in vollen Zügen erleben möchten, gibt es zahlreiche Möglichkeiten für Outdoor-Aktivitäten. Der Barfußpfad in Eitorf und der Wildpark Düsseldorf sind großartige Ziele für Familien.

Aussicht am Schloss

Ein Highlight ist das Schloss Burg in Solingen, das auf einem Hügel thront und einen beeindruckenden Ausblick auf das Bergische Land bietet.

Hier kannst du in die Geschichte der Region eintauchen und die mittelalterliche Atmosphäre genießen.

50 oder doch 25?

Falls du Lust auf ein einzigartiges Erlebnis hast, solltest du an der Bergischen Fünfzig teilnehmen.

Dabei handelt es sich um eine 12-Stunden-Wanderung über 50 Kilometer durch das wunderschöne Bergische Land. Start und Ziel ist der Marktplatz in Wipperfürth.

Wem 50 Kilometer zu viel sind, der probiert die kleinere Version, die Bergische 25. Also: Wanderschuhe schnüren und mitmachen!

Das solltest du ausprobieren:

- Reibekuchen
- Kottenbutter
- Sauerbraten

Alle Plätze im Bergischen Land entdecken:

Auszeit auf dem Bio-Bauernhof

Direkt an dem großen Spiel- und Bolzplatz gelegenem Einzelstellplatz hast du einen schönen Blick ins Holperbachtal. Kinder herzlich willkommen und können sich hier super austoben! Der Stellplatz befindet sich zudem direkt am Siegsteig, also gut geeignet für Radfahrer und Wanderer.

Du darfst deinen Hund mitbringen, jedoch muss er an der Leine gehalten werden.

Auf dem Hof kannst du frische Eier erhalten. Das Fleisch vom Biolandhof gibts in 5 Kilometern Entfernung in Wissen im Rewe zu kaufen.

- Wasser
- Strom
- Schmutzwasserentsorgung
- Feuerstelle

€

Tipp von Gastgeber Maik:

»Im Steakhouse ‘The Old Bakery’ in Wissen kannst du lecker essen gehen.«

58566 Kierspe

Jetzt buchen:

Am Aussiedlerhof

Hier wird dir eine Wiese und ein geschotterter Parkplatz im Außenbereich auf dem Höhengrad zwischen Halver und Kierspe mit schöner Aussicht auf Felder und Wiesen geboten. Dein Spot liegt rund 80 Meter entfernt von der kleinen Siedlung.
Insgesamt erwarten dich 7.200 m² Fläche, davon zur Hälfte gemäht, ein Wasseranschluss ist auch verfügbar. Auf der gesamten Fläche ist freie Platzwahl. An- und Abreise kann variabel, rund um die Uhr erfolgen.

Im erweiterten Umkreis findest du die Städte Lüdenscheid, Wuppertal und Düsseldorf. Sie eignen sich von der Entfernung perfekt für einen Tagesausflug.

- Wasser
- Feuerstelle
- Haustiere willkommen

€

>7m

Tipp von Gastgeber Christoph:
»Die Seele kann man super auf dem Spazierweg rund um die Jubachtalsperre in Kierspe baumeln lassen.«

Idylle zwischen Köln und Bonn

Der Stellplatz liegt in einem privaten Garten mit einigen frei laufenden Haustieren (Meerschweinchen, Hühner, Laufenten).

Abseits der Massen und mit evtl. ein paar Stellplatznachbarn erwartet dich folgende Ausstattung: Wasser, WC und eine Feuerstelle sowie eine Outdoorküche.

Von hier aus kannst du wunderbar die Wahner Heide, den Königsforst, das Siebengebirge und das Bergische Land erkunden. Gut erreichbar sind auch die Städte Köln, Bonn und Siegburg (15 Minuten Autofahrt) sowie das Phantasialand.

- Wasser
- Toiletten
- Dusche
- Feuerstelle
- Haustiere willkommen

€€

Tipp von Gastgeber Günther:
»Besuche die Museumsmeile in Bonn oder das Neanderthal Museum in Mettmann.«

51789 Lindlar

Jetzt buchen:

Auf einem Gestüt

Oberhalb vom Ausbildungsplatz für Springpferde kannst du mit herrlicher Aussicht auf die Pferdekoppeln und ins Oberbergische Land campen.

Es sind nur etwa 3 Kilometer bis zum Ortskern von Lindlar mit allen Einkaufsmöglichkeiten und zahlreichen Freizeitangeboten.

- Wasser
- Strom
- Toiletten
- Haustiere willkommen

€€

>7m

Das sagen andere Camper:
»Wurden gleich nach Ankunft zum Kölsch eingeladen. Besser geht nicht. Ruhiger Platz, direkt neben der Koppel.«

Tipp von Gastgeber Joachim:
»In Lindlar gibt es eine Kletterhalle und gemütliche Cafés und Restaurants.«

Münsterland

Ein Muss: Münsterland

Das Münsterland erstreckt sich über Teile von Nordrhein-Westfalen und ist für seine grünen Wiesen, idyllischen Flüsse und charmanten Dörfer bekannt.

Mit einem weit verzweigten Radwegenetz kannst du die Umgebung auf Rädern erkunden. Besuche den Aasee in Münster und mache eine Bootsfahrt oder entspanne am Ufer. Wandere entlang des Emsauenwegs und genieße die unberührte Natur.

Das Münsterland ist Heimat des berühmten 'Münsterländer Pferdes', und du kannst hier viele Reitställe und Reitmöglichkeiten entdecken.

Land der 100 Schlösser

Das Münsterland wird oft als 'Land der 100 Schlösser' bezeichnet. Besuche das Wasserschloss Burg Hülshoff, das Geburtshaus der berühmten Dichterin Annette von Droste-Hülshoff.

Oder besuche das Schloss Nordkirchen, auch als das 'Versailles Westfalens' bekannt, und tauche in die Welt des Adels ein.

Durch sein abwechslungsreiches Angebot bietet das Münsterland Attraktionen für jeden, ganz gleich ob begeisterter Radfahrer, Burg-Fanatiker oder Pferde-Enthusiast. Also suche noch heute deinen passenden Stellplatz!

Warendorfer Hengstparaden

Im Spätsommer sind die Warendorfer Hengstparaden ein absolutes Highlight!

Über 100 Hengste präsentieren sich in 20 eindrucksvollen Schaubildern, ob im rasanten Galopp oder in anspruchsvollen Dressurlektionen.

Die Vorführungen vor der Kutsche, unter dem Sattel und an der Hand dauern über drei Stunden und bieten pferdesportliche Vielfalt pur. Ein Muss für alle Pferdeliebhaber und Abenteurer.

Das solltest du ausprobieren:

- Möppkenbrot
- Töttchen
- Pfefferpotthast

Alle Plätze im Münsterland entdecken:

Hof am Mittellandkanal im Münsterland

Idyllisch direkt am Mittellandkanal liegt ein kleiner Hof inmitten der Natur, auch geschützte Tiere leben hier (u.a. Rehe). Hier kannst du direkt los wandern, klettern, baden oder Rad fahren.

In der Gegend gibt es zahlreiche Burgen, Schlösser und Landsitze zu besichtigen. Folgende Städte kannst du besuchen: Osnabrück, Münster und Tecklenburg.

Die hofeigenen Produkte kannst du je nach Saison und Verfügbarkeit erwerben, Bäcker und Dorfläden sind ebenfalls in der Nähe. Auf Wunsch bekommst du hier Yogastunden und Klangreisen angeboten.

Wasser

Strom

Feuerstelle

Haustiere willkommen

Wifi

€

>7m

49509 Recke

Jetzt buchen:

Tipp von Gastgeber Olaf:
»In Ibbenbüren gibt es einen Märchenpark und eine Sommerrodelbahn und in Recke ein Panorama Café 'Marina Recke' und das Schwefelbad Steinbeck.«

Das sagen andere Camper:
»Sehr herzliche Gastgeber mit einem super schönen ruhigen Hof. Gerne wieder.«

★★★★★

Münsterländer Parklandschaft

Du bist ein Tierliebhaber? Dieser Stellplatz befindet sich neben einem Hof auf der Wiese. Hier findest du Pferde und Schafe in deiner direkten Umgebung.

Der Stellplatz befindet sich an einem Naturschutzgebiet, in dem es sich herrlich wandern und Rad fahren lässt. Hier befindest du dich außerdem direkt an der Münsterländer Parklandschaft. Die nächsten Einkaufsmöglichkeiten sind in Nordkirchen (circa 3,5 Kilometer).

Sehenswürdigkeiten gibt es auch in der Nähe: Das Schloss Nordkirchen, die Burg Lüdinghausen und die Burg Vischering. Zudem gibt es ein Schwimmbad in Lüdinghausen.

- Wasser
- Strom
- Feuerstelle
- Hofladen
- Haustiere willkommen

€

>7m

59348 Lüdinghausen

Jetzt buchen:

Tipp von Gastgeber Thomas:
»Es gibt hier einen Hofladen/ Verkaufswagen am Güler Hof. In Nordkirchen findest du das Schlaun Café an der Kirche.«

Wiese mit Seeblick

Du hast Lust auf autarkes Naturcamping am See? Der Stellplatz liegt, mit schönem Blick und guter Anbindung an die Autobahn, auf einer Wiese, nur 15 Meter vom Wasser entfernt!
Auf dem Grundstück befinden sich eine Feuerschale (trockenes Holz liegt bereit) und eine Outdoor-Trenntoilette.
Grauwasser kann im Ort an der Kläranlage kostenlos entsorgt werden, dort gibt es auch kostenloses Frischwasser. Auf der anderen Seite ist der Lippesee, der viele Freizeitmöglichkeiten und Wassersportangebote bietet. Hier kannst du das Strandbad und die Wasserskianlage erkunden. Rund um den Seen gibt es ein gut ausgebautes Netz von Rad- und Wanderwegen.

Feuerstelle

€€

33106 Paderborn

Jetzt buchen:

Das sagen andere Camper:

»Die Lage des Platzes ist optimal für Wanderungen und um den Lippesee zu besuchen. Wir hatten eine super Zeit und werden auf jeden Fall wiederkommen!«

★★★★★

Tipp von Gastgeber Mark:

»Das Café Seemöwe und das Café Eisklang am Salitos-Beach sind toll. In Paderborn kannst du Wasserski fahren.«

Wohnmobilstellplatz im Grünen

Der Stellplatz ist eine befestigte Fläche, die unmittelbar neben der Hofstelle liegt. Er ist umgeben von Grünland mit Blick auf den Wald. Von hier aus kannst du den Sonnenuntergang genießen und Wildtiere beobachten.

Eine Führung über den Hof, auf dem Rinder gezüchtet werden, kannst du auf Anfrage erhalten. Die Umgebung lädt zu Wander- und Radtouren ein, auch direkt hinter dem Hof führt ein Wanderweg vorbei. Burgsteinfurt ist nur wenige Kilometer entfernt und lädt mit seinem wunderschönen Bagno mit Konzertsaal, dem Schloss, der attraktiven Altstadt, dem Kreislehrgarten und dem botanischen Garten zu einem Ausflug ein.

Haustiere willkommen

€

>7m

48565 Steinfurt

Jetzt buchen:

Das sagen andere Camper:

»Ein wunderschöner Stellplatz mitten im Grünen in Sichtweite des schönen Bauernhofes, direkt am Bagno und mit herrlichem Blick auf Wiesen und Felder. Wer Ruhe in der Natur sucht, ist hier genau richtig. Sehr herzliche Gastgeber. Toller Ausgangspunkt für Radtouren.«

★★★★★

Tipp von Gastgeberin Katharina:

»Mach doch einen Ausflug an den Stausee in Obermaubach, hier gibts ein tolles Restaurant und die Umgebung ist wunderschön.«

Sauerland

Talsperren und Berge

Das Sauerland erstreckt sich über weite Waldgebiete, hügelige Täler und eine Vielzahl von Seen, was es zu einem beliebten Ziel für Outdoor-Enthusiasten macht. Die Region ist geprägt von ausgedehnten Wäldern, klaren Bächen und grünen Wiesen, die sich perfekt für Wanderungen und Fahrradtouren eignen. Das Rothaargebirge bietet eine beeindruckende Kulisse für deine Abenteuer in der Natur.

Das Sauerland ist auch bekannt für seine imposanten Talsperren, wie die Möhnetalsperre und die Sorpetalsperre, die sich hervorragend für Wassersport und Entspannung am Ufer eignen.

Die typische sauerländische Gastfreundschaft wird dich begeistern. Genieße die regionale Küche, die von deftigen Gerichten wie Sauerländer Wurst und Reibeplätzchen, bis hin zu leckeren Kuchenvariationen, reicht. Besuche lokale Bauernmärkte und probiere die frischen Produkte der Region.

Auf geht's nach Freudenberg

Für kulturelle Abstecher lohnt sich ein Besuch des malerischen Fachwerkstädtchens Freudenberg oder des Schlosses Schnellenberg in Attendorn. Die Region bietet zudem ein breites Spektrum an Veranstaltungen, von traditionellen Volksfesten bis hin zu Konzerten und Kunstausstellungen.

Action für Mountainbiker

Im Sauerland gilt das 'Sauerland Bike Festival' als herausragende Veranstaltung im Sommer für Mountainbike-Liebhaber. Es bietet verschiedene Wettbewerbe, spezielle Routen für unterschiedliche Fähigkeiten und geführte Touren durch die malerische Landschaft.

Das Festival vereint Profis und Amateure gleichermaßen und präsentiert die neuesten Entwicklungen im Mountainbike-Bereich. Mit der faszinierenden Kulisse des Sauerlands ist es ein Treffpunkt für Gleichgesinnte, um ihre Leidenschaft zu teilen und die großartigen Radfahrmöglichkeiten der Region zu erkunden.

Das solltest du ausprobieren:

- Pumpernickel
- 'Potthucke'
- Sauerländer Käse

Alle Plätze im Sauerland entdecken:

Weitblick im schönen Sauerland

Hier kannst du auf einem schönen und ruhigen Fleckchen Erde deinen perfekten Campingurlaub genießen.

Die Wiese, auf der du campst, ist nicht nur sehr gut für dein Wohnmobil, sondern auch hervorragend zum Zelten geeignet.

Der Stellplatz bietet einen perfekten Startpunkt für einen wunderschönen Wandertag. Beispielsweise kannst du zum Naturpark Homert wandern, den Fledermaustunnel besuchen oder du besuchst die Atta-Höhle (Tropfsteinhöhle).

Toiletten

Haustiere willkommen

Wifi

€

>7m

57413 Finnentrop

Jetzt buchen:

Tipp von Gastgeber Josef:
»Du könntest eine schöne Wanderung zu der Talsperre am Biggesee machen. Von der Plattform 'Biggeblick' hast du einen wahnsinnigen Ausblick.«

Das sagen andere Camper:
»Sehr netter Betreiber und Angestellte. Ruhiger Platz auf einem Berg. Sensationelle Wanderungen mit atemberaubenden Ausblicken.«

★★★★★

Aussicht am Fuße des Weilenscheid

Der Stellplatz liegt auf einer grünen Wiese am Wald, mitten im Sauerland, bei dem kleinen Örtchen Hachen.

Du hast einen spannenden Weitblick in die Sauerländer Täler und kannst den Sonnenuntergang entspannt genießen. Unweit befindet sich der Wallburgturm und ganz in der Nähe stehen Hühnermobile, dort kannst du frische Eier erwerben.

Andere Aktivitäten, die du in der Nähe machen kannst, sind wandern, Radfahren und den Galileo-Park (Sauerland-Pyramiden) besuchen.

Die nächste Einkaufsmöglichkeit befinden sich in Hachen (1,2 Kilometer) oder ein Supermarkt in Lennestadt (2,1 Kilometer).

Das sagen andere Camper:
»Ein sehr schön gelegener Platz, von dem man wunderbare Wanderungen in der direkten Umgebung machen kann.«

★★★★★

Haustiere willkommen

€€

57368 Lennestadt

Jetzt buchen:

Tipp von Gastgeber Tobias:
»Jährlich finden im Sommer die Winnetou-Spiele statt, da solltest du mal zusehen. Zum Essengehen empfehle ich das Cannizzaro's.«

59846 Sundern

Jetzt buchen:

Am Homertgebirge

Dieser Stellplatz liegt auf einer Wiese, angrenzend an einen kleinen Bauernhof. Der Hof befindet sich im kleinen, idyllischen Ort Meinkenbracht am Homertgebirge.

Auf dem Hof werden Rinder, Schweine, Ziegen, Hühner und Kaninchen gehalten. Im Ort befindet sich ein neu gestalteter Spielplatz und es gibt viele Wanderwege.

Im näheren Umkreis gibt es ein Freizeitbad und ein Freibad sowie jegliche Einkaufsmöglichkeiten. Saisonbedingt können auch einige Produkte auf dem Hof, wie zum Beispiel Honig, Wurstwaren oder auch Eier erworben werden.

Wasser

Strom

Schmutzwasserentsorgung

€

>7m

Tipp von Gastgeber Daniel:

»Bei uns in der Ortschaft gibt's einen schönen Spielplatz, der den kleinen Gästen garantiert gefällt.«

57413 Finnentrop

Jetzt buchen:

Am 'Sauerland Höhenflug'

Dieser Stellplatz bietet dir eine wunderschöne Auszeit in gemütlicher Atmosphäre.

Direkt an der angrenzenden Weide leben 2 Esel, 5 Schafe, ein Shetlandpony und ein Haflinger.

Die sanitären Anlagen sind 200 Meter vom Stellplatz entfernt, auch ein Grillplatz ist vorhanden. Hier liegt direkt angrenzend in 100 Metern Entfernung der Rad- und Wanderweg 'Sauerland Höhenflug'.

In der Nähe befindet sich ein Sport- und Bürgerpark, die Atta-Höhle, der Biggesee, der Lennepark, das Aqua Magis Freizeit-Bad und vieles mehr.

- Wasser
- Strom
- Toiletten
- Dusche
- Feuerstelle
- Haustiere willkommen

€€

>7m

Hochzeitswiese mit Eifelblick

Dieser ruhige Stellplatz bietet dir einen außergewöhnlichen Panoramablick über die Eifel mit ihren sanften Hügeln, Wiesen, Feldern und Wäldern.

In direkter Nähe erwartet dich ein dichtes Netz von Wanderwegen. Vom Aussichtspunkt der Ruine Stolzenburg hast du eine tolle Aussicht auf Steinfeld und das Urfttal.

Nur wenige Kilometer entfernt finden sich Sehenswürdigkeiten der Eifel, wie das Tor zum Nationalpark in Gemünd, das Kloster in Steinfeld, das Naturerlebnisdorf in Nettersheim, die Stadt Bad Münstereifel. Der Hof liegt zentral zwischen Köln, Aachen und Trier.

Feuerstelle

Haustiere willkommen

€

>7m

53925 Kall

Jetzt buchen:

Das sagen andere Camper:

»Wunderschöner Stellplatz bei sehr netten Gastgebern. Wir haben uns richtig wohl gefühlt, die Umgebung und der Blick auf Wald und Hügel sind einfach traumhaft. Wir kommen auf jeden Fall wieder.«

Tipp von den Gastgebern Siegfried und Marion:

»Das Bauernhofcafé ist ideal für eine kleine Pause bei Kaffee und Kuchen. Hier wirst du herzlich empfangen.«

Auf der Schafwiese mit Weitblick

Auf einer großen Wiese kannst du mit einem schönen Blick Richtung Eifel schlafen. Am Feld und unter den Bäumen lässt es sich super entspannen.

In der Nähe befinden sich schöne Wanderwege ins Tal entlang der Kall. Du kannst aber auch zum Stausee, dem Krawutschketurm oder der Burg Nideggen wandern.

Beim Nachbarn kannst du Eier kaufen und in circa 2 Kilometern Entfernung befinden sich weitere Einkaufsmöglichkeiten.

Auf Wunsch kannst du ein Saunafass mieten.

Wasser

Schmutzwasserentsorgung

Feuerstelle

Haustiere willkommen

€

>7m

52393 Hürtgenwald

Jetzt buchen:

Tipp von Gastgeberin Nina:
»Mach doch einen Ausflug an den Stausee in Obermaubach, hier gibts ein tolles Restaurant und die Umgebung ist wunderschön.«

Das sagen andere Camper:
»Es war super! Nina ist eine tolle und unkomplizierte Gastgeberin. Wir kommen wieder!«

★★★★★

Ruhige Wiese mit Weitblick

Auf diesem wundervollen Camper-Stellplatz, direkt neben einem Pferdehof, auf einer saftig grünen Wiese, startet dein neues Campingabenteuer.

Neben wundervollen Natursehenswürdigkeiten bietet der Stellplatz auch einen hervorragenden Startpunkt für eine schöne und gemütliche Wanderung.

Hier können auch verschiedenste Familienausflüge geplant und erlebt werden. Beispielsweise kannst du mit deiner Familie eine Therme, den Stadtwald Euskirchen oder eine der vielen Burgen besuchen.

Das sagen andere Camper:
»Sehr freundlicher, unkomplizierter Gastgeber und wie versprochen ein sehr ruhiger Platz. Vielen Dank für die schöne Zeit.«

★★★★★

Haustiere willkommen

€

>7m

53881 Euskirchen

Jetzt buchen:

Tipp von Gastgeber Tobias:
»Das Eis von Taormina ist einfach lecker. Wer hier ist sollte sich das nicht entgehen lassen.«

Aufwachen in der Eifel mit Weitblick

Umgeben von mystischen Wäldern, wilden Bächen und grünen Wiesen, liegt dieser Platz in der Gemeinde Hellenthal.

Einen Katzensprung von der deutsch-belgischen Grenze und Rheinland-Pfalz entfernt, ist hier ein guter Stopp für Weiterreisende.

In unmittelbarer Nähe findest du den Vennbahn-Radweg oder Kyll-Radweg sowie Mountainbike-Routen mitten durch den Wald.

Wanderfreunde sollten sich die atemberaubenden Wanderwege in Ostbelgien am hohen Venn nicht entgehen lassen.

Das sagen andere Camper:
»Genauso stellt man sich Naturcamping vor: Ein ruhiger Platz in einer traumhaften Landschaft, ausreichend Freiraum für jeden und obendrein noch sehr nette Gastgeber.«

★★★★★

Tipp von Gastgeberin Melissa:
»Das Moor 'Hohes Venn' ist Europas größtes Hochmoor. Mit 40 Kilometern Entfernung ist hierfür zwar ein Tagesausflug nötig, aber sei dir sicher – es lohnt sich!«

- Toiletten
- Feuerstelle
- Haustiere willkommen

€€

>7m

53940 Hellenthal

Jetzt buchen:

Niedersachsen

Hohe Berge, weites Meer

Egal, ob du die Küste erkundest, historischen Städten einen Besuch abstattest oder die atemberaubende Natur genießen möchtest, Niedersachsen hat für jeden Geschmack etwas zu bieten.

Die Küste Niedersachsens erstreckt sich über 400 Kilometer entlang der Nordsee und bietet einige der schönsten Strände Deutschlands. Die Ostfriesischen Inseln sind ideale Ziele für einen entspannten Badeurlaub.

Hier kannst du die frische Nordseeluft genießen, endlose Spaziergänge am Strand unternehmen und dich in charmanten Küstenorten kulinarisch verwöhnen lassen.

Die Lüneburger Heide ist eine vielfältige, wunderschöne Region mit malerischen Heidelandschaften und historischen Städten wie Lüneburg und Celle. Hier kannst du durch die blühende Heide wandern und den Charme der Fachwerkhäuser in den Städten erleben.

Aber auch Aktivurlauber kommen in Niedersachsen auf ihre Kosten: Die Lüneburger Heide und das Harzgebirge sind Paradiese für Wanderer und Radfahrer!

Die gut markierten Radwege erstrecken sich durch die gesamte Region und bieten ideale Bedingungen für ausgedehnte Radtouren. Der Weser-Radweg, der entlang des Flusses Weser verläuft, ist besonders beliebt.

Interessante Städte besuchen

Du möchtest die Kultur genießen? Dann solltest du die historische Hauptstadt Hannover, den berühmten Braunschweiger Löwen, die VW-Stadt Wolfsburg und die zum UNESCO-Weltkulturerbe gehörende Stadt Hildesheim besichtigen.

Wir empfehlen folgende Regionen:

- Lüneburger Heide
- Nordsee
- Harz

Heide-Witzka!

Idylle für Camper und Reisende in der Lüneburger Heide im Nordosten Niedersachsens. Diese Region ist geprägt von weiten Heidelandschaften, malerischen Wäldern und charmanten Dörfern, die dich in ihren Bann ziehen werden.

Besonders berühmt ist die Gegend für ihre atemberaubende Heideblüte im Spätsommer, wenn die Landschaft in ein violettes Blütenmeer verwandelt wird. Dieses Naturschauspiel ist ein Muss für jeden Besucher. Die besten Orte, um die Heide in voller Blüte zu erleben, sind der Naturpark Lüneburger Heide und der Wilseder Berg.

Für Outdoor-Enthusiasten bietet die Region eine Vielzahl von Wandermöglichkeiten und Radwegen. Der Heidschnuckenweg ist ein beliebter Fernwanderweg, der dich durch die Heidelandschaft führt. Die Lüneburger Heide ist auch ein Paradies für Vogelbeobachter, mit vielen seltenen Vogelarten.

Bezaubernde Altstädte

Neben der Natur hat die Lüneburger Heide auch kulturelle Schätze zu bieten. Besuche historische Städte wie Lüneburg und Celle, die mit Fachwerkhäusern und bezaubernden Altstädten punkten.

Einzigartiges Naturschauspiel

Auch für Personen auf der Suche nach einem einzigartigen Naturschauspiel ist die Lüneburger Heide zur Zeit der Heideblüte ein absolutes Muss.

Normalerweise dauert dieses atemberaubende Schauspiel vom 8. August bis zum 9. September. In dieser Zeit leuchtet die Besenheide vor allem am späten Nachmittag und frühen Abend in einem zarten Violett. Das solltest du dir auf keinen Fall entgehen lassen!

Das solltest du ausprobieren:

- Heideschnuckenbraten
- Rote Grütze
- Buchweizengerichte
- Heidehonig

Alle Plätze an der Lüneburger Heide entdecken:

Auf dem Land und am Wasser

Hinter einem Bauernhof findest du ein bisschen Einsamkeit und Ruhe in der Natur. Du stehst zwischen Wiesen und Feldern, direkt am fließenden Gewässer mit Badestelle und Angelplatz. Ob mit Zelt, Wohnmobil oder Wohnwagen, du bist herzlich willkommen.

In einem Hofladen hast du die Möglichkeit, Rindfleisch aus eigener Zucht und andere regionale Produkte zu erwerben. Der nächste Supermarkt ist circa 5,5 Kilometer entfernt.

Ein schöner Spaziergang oder eine Radtour in der Umgebung ist sehr zu empfehlen. Von Feldern, Wäldern, Binnendünen, Badesee und Spielplätzen ist in der Nähe alles zu finden.

Hofladen

Haustiere willkommen

€€

>7m

21357 Barum

Jetzt buchen:

Das sagen andere Camper:

»Wir haben hier ein ganz tolles Wochenende verbracht. Der Platz ist einfach wunderbar und die Gastgeber auch. Aus dem Hofladen haben wir ganz hervorragendes Fleisch für den Grillabend bekommen. Wir werden wiederkommen.«

★★★★★

Tipp von Gastgeber Jan Hendrik:

»An heißen Tagen solltest du den Barumer See besuchen. Das Fischrestaurant 'Zum Aalkrug' ist einfach spitze.«

Stellplatz am Reiter- und Ferienhof

Dieser Stellplatz befindet sich in idyllischer Lage im Heidedörfchen Volkwardingen bei Bispingen, am Rande des Naturschutzgebietes.

Auf grüner Wiese finden bis zu 6 Wohnmobile und Wohnwagen Platz. Stromanschlüsse, Entsorgungseinrichtungen, Trinkwasser, eine kleine Küchenzeile, ein Hoflädchen sowie Toiletten und Duschen sind vorhanden.

Auf dem Ferienhof mit Bauernhof-Feeling bieten wir Reiten und weitere Aktivitäten an. Eigene Pferde können mitgebracht werden. Direkt ab Hof lädt die wunderschöne Lüneburger Heide zu Wanderungen, Fahrradtouren und weiteren Aktivitäten ein.

Wasser

Strom

Schmutzwasserentsorgung

Waschmaschine

Toiletten

Dusche

Feuerstelle

Hofladen

Haustiere willkommen

Wifi

€€

>7m

Tipp von Gastgeberin Marianne:

»Am besten, du holst die Heidekreis Erlebniscard. Da machen tolle Attraktionen mit und bieten Ermäßigungen an. Beispielsweise: eine Trampolinhalle, ein Labyrinth, ein Wildpark und vieles mehr!«

29646 Bispingen

Jetzt buchen:

Lounge im Grünen

An Kastanienbäumen und Eichen auf einer schönen Weide mit Blick auf den Seevegrund kommt der Geist zur Ruhe. Der Stellplatz lockt mit einem idyllischen Blick.

Die nächsten Heidestücke sind circa 1-3 Kilometer entfernt, der bekannte Wilseder Berg mit dem touristischen Zentrum Undeloh in 11 Kilometern.

Direkt am Stellplatz befindet sich ein Zugang zum Brunnenwasser. Der Zugang zur Hof-Toilette ist Tag und Nacht möglich. Außerdem wird auf dem Hof pferdegestütztes Coaching angeboten.

Wasser

Toiletten

Haustiere willkommen

€€

>7m

Tipp von Gastgeber Sebastian:

»Den Wildpark Lüneburger Heide und den Barfußpark musst du einfach mal besuchen.«

Stellplatz Tietlingen

Der Naturstellplatz Tietlingen liegt inmitten der herrlichen Heidelandschaft! Du suchst Natur und Ruhe? Dann bist du hier genau richtig.

Das große, idyllische Gelände bietet dir die perfekte Umgebung, um dich zu entspannen und dem Alltag zu entfliehen. Alte Eichen und Buchen spenden viel Schatten und laden mit gemütlichen Sitzecken zum Verweilen ein.

Für die kleinen Urlauber gibt es einen Spielplatz und viel Platz zum Toben auf der großen Wiese. Rad- und Wanderwege beginnen praktisch vor der Haustür.

- Wasser
- Strom
- Waschmaschine
- Toiletten
- Dusche
- Feuerstelle
- Haustiere willkommen
- Wifi

€

Auf der alten Pferdekoppel

Hier campst du auf einer alten Pferdekoppel, wo du drei Stellplätze für Zelte, Wohnmobile oder Wohnwagen vorfindest.

Frielingen ist ein kleines ländliches Dorf, das zentral zwischen Hamburg, Bremen und Hannover liegt.

Im Dorf selber gibt es eine Wildhandlung, einen Biohof und eine Kirschplantage mit einem jeweiligen Hofladen. In den naheliegenden Städten Neuenkirchen und Soltau ist alles zu bekommen.

Haustiere willkommen

€

29614 Soltau

Jetzt buchen:

Das sagen andere Camper:
»Sehr schöner, ruhiger und entspannter Platz. Alles gut und unkompliziert verlaufen.«

★★★★★

Tipp von Gastgeberin Daniela:
»Das 'Kart und Bowl' ist eine schöne Abwechslung an Regentagen. Bei schönem Wetter kann ich den Vogel- und Kletterpark Walsrode empfehlen.«

Unter den Eichen

Der Stellplatz befindet sich an einem landwirtschaftlichen Betrieb in Einzelhoflage, circa 1 Kilometer von Salzhausen entfernt.

Hier werden eine Pferdepension in Offenstallhaltung und eine Pension für Zuchtstuten und Jungpferde-Aufzucht geführt.
Der Wildpark Nindorf mit Baumwipfelpfad befindet sich in der Nähe und im Nachbarort finden Vielseitigkeitsturniere statt.

In Salzhausen selbst kannst du im Freibad schwimmen gehen. Kanuwandern auf dem Flüsschen Luhe ist auch möglich. In Salzhausen findest du alles für den täglichen Bedarf.

- Wasser
- Strom
- Feuerstelle
- Haustiere willkommen

€€

>7m

21376 Salzhausen

Jetzt buchen:

Das sagen andere Camper:

»Sehr netter Gastgeber, der uns auch Einblicke in das Hofgeschehen gegeben hat. Lüneburg ist von hier immer einen Besuch wert.«

★★★★★

Tipp von Gastgeber Ulf:

»Im Sommer kannst du auf der Luhe paddeln. In Salzhausen gibt's einige gute Gastronomien. Das 'Haus des Gastes' ist ebenfalls ein echter Hingucker.«

Nordsee

Steife Brise

Die Nordsee, die sich von den Niederlanden bis nach Dänemark und Deutschland erstreckt, ist bekannt für ihre rauen Küsten, weiten Strände und malerischen Inseln.

Wattwanderungen sind dort eine beliebte Freizeitaktivität. Bei Ebbe kannst du das Wattenmeer erkunden, eine einzigartige natürliche Landschaft, die zum UNESCO-Weltnaturerbe gehört. Beobachte die Vogelwelt und entdecke die vielfältige Tier- und Pflanzenwelt des Wattenmeers.

Sylt, Amrum und Föhr bieten traumhafte Strände und gemütliche Dörfer. Hier kannst du Windsurfen, Kitesurfen oder einfach nur am Strand entspannen.

Für Naturliebhaber gibt es zahlreiche Nationalparks und Naturschutzgebiete entlang der Küste, die sich ideal zum Wandern und Radfahren eignen. Der Nationalpark Wattenmeer und der Nationalpark Schleswig-Holsteinisches Wattenmeer sind besonders sehenswert.

Entlang der Küstenstädte

Durch die Küstenstädte wird deutlich, dass die Region auch eine reiche maritime Geschichte besitzt. Besuche historische Hafenstädte wie Baltrum, Borkum und Cuxhaven und erfahre mehr über die Seefahrt und den Fischfang.

Musikalisches Highlight

Eine der renommiertesten Veranstaltungen an der Nordsee ist das alljährliche 'Watten Schlick Festival' in Dangast, das im Sommer stattfindet und eine vielfältige Mischung aus Live-Musik verschiedener Genres, Kunst, Kultur und Unterhaltung für Besucher jeden Alters bietet.

Die malerische Kulisse direkt am Meer schafft eine unvergleichliche Atmosphäre, während lokale und internationale Künstler ein vielfältiges Programm präsentieren

Das solltest du ausprobieren:

- Kieler Sprotte
- 'Mehlbüddel'
- Ostfriesentee
- Scholle

Alle Plätze an der Nordsee entdecken:

Eins mit dem Wind

Der Stellplatz ist auf einem privaten Grundstück in Alleinlage. In circa einem Kilometer bist du beim Jadebusen, einer Wasserbucht.

In der Gegend rund um Wesermarsch findest du gute Fahrradrouten, eingekreist von Butjadingen, Friesland, weiter oben, Ostfriesland, Wilhelmshaven sowie Bremerhaven.

Im Sommer der warme Wind, Grün so weit das Auge reicht, Fisch und die Meeresbrise. Im Winter den Wind um die Jacke spüren und sich gemütlich zurücklehnen und sich die Ruhe erlauben.

Das sagen andere Camper:

»Bei Nuemi zu sein ist, als wenn man in einer heilen Welt angekommen. Für Kinder ist der Platz ein Abenteuerspielplatz und für Erwachsene ein Ort der absoluten Erholung.«

Strom

Feuerstelle

€€

26937 Stadland

Jetzt buchen:

Tipp von Gastgeberin Nuemi:

»Bei uns gibt es ein traditionelles Friesenspiel, das Bosseln – Schleuderball. Wenn du hier bist, musst du das unbedingt mal ausprobieren.«

Deichcamping ganz naturnah

Dieser Stellplatz befindet sich circa 300 Meter abseits vom Hofgebäude direkt am Nordseedeich.

Hier bist du völlig ungestört aufgrund der Sackgassenlage. Abends den Sonnenuntergang, abseits vom Touristenrummel, auf dem Deich genießen.

In den Ortskern von Carolinensiel sind es circa 1,5 Kilometer. Dort findest du zahlreiche Einkaufsmöglichkeiten und Restaurants.

Unternehme ausgedehnte Radtouren in die Sielorte Neuharlingersiel oder Bensersiel. Kein Strom, Wasser kann bei Bedarf bezogen werden.

Schmutzwasserentsorgung

Haustiere willkommen

€

>7m

26409 Wittmund

Jetzt buchen:

Das sagen andere Camper:

»Wundervoller und idyllischer Platz direkt am 2. Deich. Wer echte Entspannung sucht, ist bei Melanies Stellplatz vollkommen richtig.«

Tipp von Gastgeberin Melanie:

»Sehr empfehlenswert sind die Torten im Heimathafen Café. Hier solltest du auf jeden Fall vorbeischauen.«

26409 Wittmund

Jetzt buchen:

Bauernhof am Nordseedeich

Hier stehst du auf einem Bauernhof, direkt an der Nordseeküste zwischen den Orten Carolinensiel und Neuharlingersiel, direkt an der zweiten Deichlinie. Beide Orte kannst du in kürzester Zeit mit dem Auto oder auch mit dem Fahrrad erreichen. Zu Fuß sind es bis zum Strand Harlesiel 20-30 Minuten.

Auf dem Hof darfst du dich natürlich frei bewegen. Kinder können sich auf dem Spielplatz im großen Garten vergnügen und abends kannst du den Tag einfach beim Grillen inklusive Lagerfeuer in Ruhe ausgeklungen lassen.

Die tierischen Bewohner des Hofes freuen sich über die ein oder andere Kuscheleinheit.

- Wasser
- Strom
- Waschmaschine
- Feuerstelle
- Haustiere willkommen

€€

>7m

Tipp von Gastgeberin Katrin:
»Die besten Pizzen kannst du in der Al-Mare Pizzeria in Carolinensiel essen!«

Traumhaft am See

Der geschotterte Stellplatz in der Nähe eines Badesees bietet eine traumhafte Lage zum Schwimmen.

Der Dirtpark Twist ist auch nicht weit entfernt (circa 6 Kilometer). Nächste Einkaufsmöglichkeiten sind vor Ort.

Du bist hier nur 1 Stunde von der Nordsee entfernt, wäre also ein super Ausflugsziel. Interessante Ausflugsziele: Bourtanger Moor, Badesee und die Nutzung des Fahrradstreckennetzes.

Schmutzwasserentsorgung

Haustiere willkommen

€

49767 Twist

Jetzt buchen:

Das sagen andere Camper:
»Ich finde besonders die Fußnähe zum See toll!«

Tipp von Gastgeber Florian:
»Frischen Fisch und tolle Angelmöglichkeiten gibt es in Burgen. Im Hotel-Restaurant Forellenzucht kannst du nichts falsch machen.«

Ruhige Übernachtung mit Harz Blick

Du träumst von einem ebenen Vanstellplatz am Buchenwald, dann bist du hier richtig. Stell deinen Van ab und genieße die Ruhe. Abends kannst du bei knisterndem Feuer den Sternenhimmel erleben. Morgens entspannst du dich beim Frühstück in einem Pavillon mit Harzblick.

Das Grundstück liegt am Hang oberhalb eines kleinen Dorfes. Hier oben sind wunderbare Zeltplätze im Buchenwald mit Lagerfeuer sowie eine Waldküche, mitten im Wald.
Folgende Ausstattung ist vorhanden: Feuerschale und Kaminholz, Grill, Strom in der Waldküche, Toiletten und Duschen, Frischwasserentnahme, WLAN und ein Privatsportplatz zum Frisbee oder Ball spielen.

Wasser

Strom

Waschmaschine

Toiletten

Dusche

Feuerstelle

Hofladen

Haustiere willkommen

Wifi

€€€

>7m

Tipp von den Gastgebern Lukas und Cornelius:

»Schau in der Ortschaft vorbei, die Hausmacher Wurst aus Potzwenden ist einfach nur lecker.«

37136 Potzwenden

Jetzt buchen:

Harzblick Scharzfeld

Gehe auf Entdeckungsreise durch den Harz und genieße die Landidylle in Scharzfeld, einem Ortsteil der Stadt Herzberg am Harz.

Der Stellplatz befindet sich neben einem Hof, auf einer ruhigen Wiese. Es gibt einen nahegelegenen Hofladen und eine Bäckerei. Der nächste Supermarkt liegt 4 Kilometer entfernt.

Von hier lohnen sich Ausflüge an die Rhumequelle, den Angelteich in Pöhlde, den Karstwanderweg, die Burgruine Scharzfels und das Welfenschloss. Du kannst herrliche Wanderwege beschreiten oder einfach nur die schöne Natur des Harzes genießen.

Haustiere willkommen

€

37412 Herzberg am Harz

Jetzt buchen:

Das sagen andere Camper:
»Schöner Platz, sehr freundliche Gastgeber, tolle Lage, himmlische Ruhe.«

★★★★★

Tipp von Gastgeber Ralf:
»Die Einhornhöhle ist nicht weit entfernt. Das ist sicher ein gutes Ziel für alle, egal ob Jung oder Alt.«

Idyllischer Hof am Harzhorn

Dieser Stellplatz befindet sich auf einem Biohof in Alleinlage zwischen Harz und Weserbergland und bietet viel Ruhe und einen direkten Blick auf das Harzhorn.

Der Hof bietet verschiedene Aktivitäten an, unter anderem Reiten, Wandern und Radfahren. Hier ist der perfekte Ausgangspunkt für Ausflüge in die umliegenden Regionen.

Anreise:
14 bis 18 Uhr
(Bei späterer Anreise bitte die Nummer auf der Buchungsbestätigung anrufen).

Abreise:
bis 13:30 Uhr

Hofladen

Haustiere willkommen

€

38315 Schladen-Werla

Jetzt buchen:

Das sagen andere Camper:

»Der Platz ist einfach nur traumhaft. Man schaut auf hügelige satte Wiesen und sieht Emus, Alpakas und Hühner. Mehr geht nicht, vielen Dank an die Gastgeber auch für die sehr freundliche Kommunikation während meines Aufenthalts.«

★★★★★

Tipp von Gastgeberin Nicole:

»Die Kaiserpfalz Schladen-Werla ist ein echtes Highlight in unserer Region. Im Archäologie- und Landschaftspark reist du in die Zeit des Frühmittelalters.«

Brandenburg

Spreewald-Erlebnis

Gelegen im Osten Deutschlands, öffnet Brandenburg seine Tore für Reisende, die auf der Suche nach einem einzigartigen Urlaubserlebnis sind.

Der Spreewald bietet die Gelegenheit, sich kulinarisch verwöhnen zu lassen. Die traditionelle Spreewaldgurke, eine Delikatesse der Region, wird in vielen kleinen Manufakturen hergestellt und kann vor Ort verkostet werden. Während du gemächlich durch die Kanäle schipperst, kannst du die Ruhe und Schönheit des Spreewalds auf dich wirken lassen und vielleicht sogar den seltenen Ruf des Eisvogels vernehmen.

Ein Ausflug in diese grüne Oase ist ein unvergessliches Erlebnis und ein Höhepunkt deiner Brandenburg-Reise.

Sehenswerte Schlösser

Von majestätischen Schlössern und prächtigen Parks bis hin zu malerischen Seen und historischen Städten – Brandenburg hat für jeden Geschmack etwas zu bieten.

Eine der bekanntesten Sehenswürdigkeiten Brandenburgs ist das Schloss Sanssouci in Potsdam. Dieses prächtige Schloss, ein Meisterwerk des Rokoko-Stils, war einst die Sommerresidenz Friedrichs des Großen und ist heute ein UNESCO-Weltkulturerbe.

Das Branitzer Schloss beherbergt auch ein Museum, das Einblicke in das Leben von Hermann Fürst von Pückler-Muskau gibt.

von 'guvo59' über Pixabay

Der Schlosspark selbst ist ein wahres Kunstwerk der Gartenkunst und verzaubert Besucher mit seinen kunstvoll gestalteten Alleen, Teichen und Skulpturen. Ein Spaziergang durch diesen einzigartigen Park ist wie eine Reise in die Vergangenheit, und du kannst die Ruhe und Schönheit der Natur in vollen Zügen genießen.

Cottbus und das Branitzer Schloss sind definitiv einen Besuch wert und bieten einen unvergesslichen Einblick in die Geschichte und Kunst Brandenburgs.

Wir empfehlen folgende Regionen:

- Spreewald

Spreewald

Naturparadies Spreewald

Der Spreewald ist ein einzigartiges Naturparadies im Osten Deutschlands. Als Camper hast du die Gelegenheit, diese reizvolle Region in ihrer ganzen Pracht zu erkunden.

Über Brandenburg und Sachsen erstreckt und berühmt für seine ausgedehnten Flussauen, zahlreichen Kanäle und unberührte Landschaften, bietet der Spreewald vieles für seine Besucher.

Das Netz von Wasserwegen durchzieht die Region und bietet dir die Möglichkeit, den Spreewald auf Kanutouren zu entdecken. Paddeln auf den ruhigen Flüssen und Kanälen ist ein absolutes Muss und ermöglicht dir eine einzigartige Perspektive auf die üppige Flora und Fauna.

Im Spreewald solltest du unbedingt an einer geführten Kahnfahrt teilnehmen oder dir ein Kanu leihen und auf eigene Faust die dschungelartige Gegend erkunden.

Reizvolle Städtchen

Doch neben der atemberaubenden Natur gibt es in dieser Region auch einige reizvolle Städtchen, die du besichtigen kannst. Lübbenau und Lübben sind bezaubernde Städte mit historischem Flair und bieten Einblicke in die Kultur der Umgebung.

Festtagstracht zu Fastnacht

Zu Beginn jedes Jahres wird zur wendischen Fastnacht die Festtagstracht präsentiert. Im Laufe des Jahres kann man diese noch zu verschiedenen Anlässen, wie Ostern und Heimatfesten bewundern. Auch als Erntebrauch wird die Tracht stolz präsentiert.

Die Festtagstracht mit ihren aufwändig verzierten Röcken, den symbolischen Farben und den regional unterschiedlichen Hauben spiegelt hierbei die Vielfalt und Identität der Region wider.

Das solltest du ausprobieren:

- Spreewaldgurke
- Flusskrebssuppe
- Mohnpielen
- Pellkartoffeln

Alle Plätze im Spreewald entdecken:

Stellplatz am Gräbendorfer See

Der große Stellplatz auf einer Wiese direkt am Ufer des Gräbendorfer Sees umfasst circa 20.000 m² und eignet sich daher auch für kleine Treffen oder Veranstaltungen.

Zur Verfügung steht ein Sanitärgebäude mit Waschmaschinen, Trockner, Abwasch- und Kochmöglichkeiten.

Vom Platz aus sind es 50 Meter bis zum Wasser – der See hat glasklares Wasser und eignet sich hervorragend zum Tauchen. Der Strand ist kinderfreundlich und der Fürst Pückler Radweg führt euch entlang vieler Ziele in der Region.

Bis ins Biosphärenreservat Spreewald nach Burg sind es 20 Kilometer.

Wasser

Strom

Waschmaschine

Toiletten

Dusche

Feuerstelle

Haustiere willkommen

Wifi

€€

>7m

03116 Drebkau

Jetzt buchen:

Tipp von Gastgeber Jens:

»Wer Lust auf Adrenalin hat, könnte die Kartbahn in Loeschen besuchen. Wenn's ruhiger werden soll, kann ich dir das Café Schauwerk mit Konditorei in Altdöbern ans Herz legen.«

Auszeit am Rande des Spreewalds

Wunderschöner und ruhig gelegener Übernachtungsplatz inmitten einer Streuobstwiese.

Wasser ist auf einem 100 Meter entfernten Nachbargrundstück erhältlich. Hier ist der ideale Ausgangspunkt für ausgedehnte Wanderungen und Radtouren mit Ausflugszielen in der unmittelbaren Umgebung, wie beispielsweise der Sagenpfad & Goldborn in Werchow, Aussichtsturm ‘Calauer Schweiz’, Naturpark ‘Niederlausitzer Landrücken’ oder die Gutskapelle Reuden.

Der Spreewald als Ausflugsziel zum Paddeln, Kahn fahren oder Radeln ist in circa 10 Kilometern gut zu erreichen.

- Wasser
- Strom
- Haustiere willkommen

€

>7m

03205 Calau

Jetzt buchen:

Tipp von Gastgeber Thomas:
»In unserem Ort gibt es einen echten Handwerksbäcker, was bedeutet, dass du hier einfach köstliches Gebäck bekommst! Bäckerei Rietze ist die richtige Adresse.«

Das sagen andere Camper:
»Wir sind Wiederholungstäter und es war wieder einmal traumhaft. Danke, wir sind voller Vorfreude aufs nächste Mal.«

★★★★★

Stellplatz in Spreewaldnähe

Dieser schöne Stellplatz befindet sich am Ortsrand von Saßleben, auf einem eingezäunten Grundstück.

Der Stellplatz ist über einen Feldweg zu erreichen. In 3 Gehminuten erreichst du einen kleinen See mit historischer Parkinsel.
Zum Spreewaldhafen in Lübbenau sind es circa 12 Kilometer, Radwege sind gut ausgebaut.

Einkaufsmöglichkeiten sind in 2 Kilometern Entfernung in Calau vorhanden.

Hier bist du für dich und weit ab von den Massen, auch deine Tiere kannst du hier frei laufen lassen.

Wasser

Strom

Feuerstelle

Haustiere willkommen

€

>7m

03205 Calau

Jetzt buchen:

Das sagen andere Camper:

»Was für ein wunderschöner Platz – ganz toll! Ich habe mich mit meinem Hund ab Tag 1 sehr wohl gefühlt.«

★★★★★

Tipp von Gastgeber Alexander:

»In der Nähe, in Vetschau, kannst du beim Spreewaldbauern Ricken Mittag essen oder im Hofladen regionale Leckereien einkaufen.«

Mecklenburg-Vorpommern

Inseln und Nationalparks

Mecklenburg-Vorpommern stellt mit seiner einzigartigen Mischung aus malerischer Küste, historischem Erbe und atemberaubender Natur ein Traumziel für Touristen dar.

Die Küste von Mecklenburg-Vorpommern erstreckt sich über 2.000 Kilometer entlang der Ostsee. Die Insel Rügen, die größte deutsche Insel, ist ein Highlight mit ihren weißen Kreidefelsen und den charmanten Ostseebädern.

Hier kannst du entlang der Küste spazieren, das Meeresrauschen genießen und die beeindruckenden Aussichten erleben. Auf der Insel Usedom erwartet dich ein weiteres Küstenparadies mit langen Sandstränden und einer entspannten Atmosphäre.

Mecklenburg-Vorpommern ist reich an Naturwundern. Der Müritz-Nationalpark ist ein Paradies für Naturliebhaber und bietet eine unberührte Landschaft, in der du seltene Tierarten wie den Seeadler beobachten kannst. Die Mecklenburgische Seenplatte ist ein weiteres Juwel, das sich ideal für Wassersportaktivitäten und Bootstouren eignet.

Sehenswerte Städte

Die Hansestadt Rostock beeindruckt mit ihrer historischen Altstadt und ihren gut erhaltenen Backsteingebäuden. Das beeindruckende Wahrzeichen der Stadt ist die St. Marienkirche.

von 'Kathas_Fotos' über Unsplash

Gleich in der Nähe liegt die Hafenstadt Warnemünde, ein beliebter Badeort mit einem breiten Sandstrand und einer lebhaften Promenade. Ein weiteres Highlight Mecklenburg-Vorpommerns ist Schwerin, die Landeshauptstadt. Hier erhebt sich das märchenhafte Schweriner Schloss auf einer Insel im Schweriner See.

Herzhaftes von der Küste

Probiere frischen Fisch und Meeresfrüchte oder bestelle dir den 'Pommerschen Gruß', eine deftige Fleisch- und Kartoffelsuppe.

Wir empfehlen folgende Regionen:

- Ostsee
- Rügen
- Mecklenburgische Seenplatte

Ostsee

Träum' nicht nur vom Meer!

Die Ostsee ist berühmt für ihre atemberaubenden Küsten, die sich über neun verschiedene Länder erstrecken. Die Region zeichnet sich durch kilometerlange Sandstrände, glasklares Wasser und malerische Fischerdörfer aus.

Für Wassersport-Begeisterte ist die Ostsee ein Paradies! Segeln, Surfen, Tauchen und Angeln sind nur einige der Aktivitäten, die du hier genießen kannst. Oder einfach entspannen am Strand, baue Sandburgen und lasse dich von der frischen Meeresbrise verwöhnen.

Ostsee-Genuss

Regionale Spezialitäten sind an der Ostsee auch keine Seltenheit. Probiere fangfrischen Fisch, Räucherwaren und deftige Gerichte wie Labskaus und Ostseehering. In den gemütlichen Fischrestaurants kannst du die maritime Küche der Region genießen.

Fischerdorf und Küstenstadt

Die Küstenstädte und -dörfer sind voller Charme und Geschichte. Besuche die Hansestadt Lübeck, die mit ihrem mittelalterlichen Stadtbild und dem Holstentor beeindruckt. Oder erkunde das romantische Warnemünde mit seinem Leuchtturm und den bunten Strandkörben.

Kieler Woche nicht verpassen

Eine der bekanntesten Veranstaltungen an der Ostsee ist die Kieler Woche. Dieses Event, das jährlich in Kiel, Schleswig-Holstein, stattfindet, zählt zu den größten Segelsportveranstaltungen weltweit.

Während der Kieler Woche gibt es nicht nur herausragende Segelwettbewerbe, sondern auch ein vielfältiges Rahmenprogramm, das Konzerte, Volksfeste, kulturelle Events, maritime Aktivitäten und köstliche kulinarische Genüsse umfasst.

Diese Veranstaltung zieht Segler, Besucher und Touristen aus aller Welt an und prägt die Ostseeregion als ein bedeutendes und spektakuläres Ereignis.

Das solltest du ausprobieren:

- 'Kluntjes und Wulkje'
- 'Schnüsch'
- Frischen Fisch

Alle Plätze an der Ostsee entdecken:

Stellplatz am Hafen

Ein Wohlfühlplatz in traumhafter Lage direkt am Wasser umgeben von der Natur. Die Stellplätze für Wohnmobil, Wohnwagen und Zelt liegen in dem kleinen Urlaubsdorf Rieth in Ostseenähe. Die Ausstattung umfasst: Strom, Wasser, Außendusche (Solar), Müllentsorgung, Entsorgungsstation und Sitzmöglichkeiten.

Der Riether Waldstrand liegt 200 Meter von dem Stellplatz entfernt. In der Ortschaft selbst befinden sich 2 Imbisse und ein Café. Auch der Oder-Neiße Radweg führt durch Rieth, wenn du gerne mit dem Fahrrad unterwegs bist.
Nur einen Kilometer von dem Stellplatz entfernt liegt schon die polnische Grenze – perfekt, um einen Besuch dort abzustatten.

Wasser

Strom

Schmutzwasserentsorgung

Dusche

€

>7m

17375 Rieth

Jetzt buchen:

Das sagen andere Camper:

»Der Platz ist super schön. Wir kommen auf jeden Fall wieder.«

Tipp von Gastgeber Robert:

»Der Oder-Neiße-Radweg, das Café in Rieth und der Riether Waldstrand sind sehr zu empfehlen.«

Stellplatz Offroadpark Ostsee

Bist du bereit für ein Abenteuer? Diese Stellplätze befinden sich mitten im Offroad-Park an der Ostsee. Das bedeutet Übernachten mitten an der Rennstrecke.

Hier kannst du Quad fahren und Motorradfahren, das Erlebnis für Klein und Groß. Ein kleines Bistro steht dir ebenfalls zur Verfügung. Auf dem Stellplatz stehen Strom, Wasser und Entsorgungsstationen für dich bereit. Und nach einem aufregenden Tag kannst du eine ruhige und erholsame Nacht hier verbringen.

Die Ostsee ist 5 Kilometer entfernt und daher gut auch mit dem Fahrrad zu erreichen.

Wasser

Strom

Schmutzwasserentsorgung

Haustiere willkommen

€€

>7m

18230 Biendorf OT Wischuer

Jetzt buchen:

Tipp von Gastgeber Dirk:
»Neben dem Offroadpark solltest du unbedingt das Hofcafé Grete und die Erlebnisräucherei Scheller besuchen.«

Das sagen andere Camper:
»Super netter Empfang. Sehr ruhiger Stellplatz, wir konnten super schlafen. Es war alles da, was man benötigt. Wir werden wiederkommen.«

★★★★★

Einzelstellplatz in Kühlungsborn

In Sichtweite der Ostsee, nur circa 40 Laufminuten vom Strand entfernt, befindet sich dieser private Traumstellplatz inmitten einer Holunderblüten-Plantage. Außerdem liegt der Platz sehr gut sichtgeschützt an der Asbeck. Hier hast du absolute Ruhe und kannst dem Vogelgezwitscher lauschen und bei wolkenlosem Himmel fantastische Sonnenuntergänge genießen.

Auf dem dazugehörigen Biohof leben einige Schafe, Hühner, Katzen und Bienenvölker. Johannisbeeren laden zum Naschen ein. Im Frühjahr und Herbst halten sich Kraniche und Rehe in unmittelbarer Nähe auf.

Mit dem Fahrrad bist du schnell in Kühlungsborn!

- Wasser
- Feuerstelle
- Schmutzwasserentsorgung

€€

>7m

18225 Kühlungsborn

Jetzt buchen:

Das sagen andere Camper:

»Eine absolut tolle Location im Holunderfeld mit Weitblick zur Ostsee. Mit dem Fahrrad war man schnell in Kühlungsborn.«

Tipp von Gastgeberin Ulrike:

»In Kühlungsborn kann man einige tolle Sachen besuchen, wie z.B. den Strand, die Seebrücke, einen Kletterwald oder das Café: 'eena-refined coffee'.«

Natur, Kultur und Erholung

Ein schöner, naturnaher Stellplatz zum Entspannen, Outdoor-Cooking und Lagerfeuer unterm Sternenhimmel. Badefass, Sauna, Tischtennis und Billard können nach Absprache gerne genutzt werden.

Der Quaduxenbarg ist eine 75 Meter hohe Erhebung am Rande der Hansestadt Wismar an der Ostsee. Er ist heute ein Natur-, Kultur- und Erholungsraum.

Neben der Zeltwiese bietet der Quaduxenbarg auch Stellplätze, die über eine kurze Offroad-Strecke zu erreichen sind. Moderne Toiletten und Duschen sind vorhanden.

Hier kannst du dich wie zuhause fühlen!

Wasser
Schmutzwasserentsorgung
Toiletten
Feuerstelle

€€

>7m

23970 Wismar

Jetzt buchen:

Tipp von Gastgeber Tarik:
»Hier kannst du super Kajak fahren, die Hansestadt Wismar besuchen und den Radweg zum Neuklostersee nehmen.
Zur Insel Poel an die Ostsee sind es nur 14 Kilometer.«

Das sagen andere Camper:
»Der Platz ist sehr ruhig gelegen. Die Sanitäranlagen sind spitze. Man fühlt sich wie zu Hause.«

★★★★★

Rügen

Reif für die Insel

Willkommen auf der bezaubernden Insel Rügen, einem wahren Juwel in der Ostsee. Diese größte Insel Deutschlands, ist ein Paradies für Naturliebhaber und Camper, die nach einer einzigartigen Erfahrung in der Natur suchen. Rügen wird dich mit seiner Vielfalt und Schönheit begeistern.

Die Insel Rügen ist bekannt für ihre atemberaubende Küstenlandschaft, vor allem die berühmten Kreidefelsen von Jasmund. Diese imposanten weißen Klippen ragen majestätisch in den Himmel und bieten einen atemberaubenden Ausblick über die Ostsee. Ein Spaziergang entlang der Küstenpfade ermöglicht es dir, die einzigartige Natur der Insel aus nächster Nähe zu erleben.

Für aktive Camper gibt es auf Rügen zahlreiche Möglichkeiten, die Natur zu erkunden. Rügens Nationalpark Jasmund bietet großartige Wanderwege, um die Tier- und Pflanzenwelt der Insel zu entdecken.

Ab in den Strandkorb

Rügen hat auch viele charmante Badeorte, darunter das beliebte Ostseebad Binz. Hier kannst du an den endlosen Sandstränden entspannen, das historische Flair der Bäderarchitektur erleben und in den zahlreichen Restaurants und Cafés köstliche regionale Gerichte probieren.
Ebenso lohnt sich ein Besuch des historischen Fischerdorfes Vitt und des berühmten Kap Arkona mit seinen Leuchttürmen.

Störtebeker live erleben

Eine der herausragenden Veranstaltungen auf Rügen sind die 'Störtebeker Festspiele' in Ralswiek.

Diese jährlichen Open-Air-Theateraufführungen finden während der Sommermonate statt und sind eine spektakuläre Darbietung, die auf den Geschichten des berühmten Piraten Klaus Störtebeker und seiner Mannschaft basiert. Die Inszenierungen bieten aufregende Action-Szenen, beeindruckende Stunts, mitreißende Musik, fesselnde Tänze und eine packende Handlung, die vor der zauberhaften Kulisse Rügens präsentiert wird. Die Störtebeker Festspiele sind ein Anziehungspunkt für zahlreiche Besucher und eine unvergessliche Erfahrung für Theaterbegeisterte und Touristen, die die Insel Rügen besuchen.

Das solltest du ausprobieren:

- Sanddorn Produkte
- Hering
- Hornfisch

Alle Plätze auf Rügen entdecken:

Dein Lieblingsplatz auf Rügen

Du willst den Alltagsstress hinter dir lassen und etwas Besonderes erleben?

Dann genieße die Idylle des Landes in einer atemberaubenden Atmosphäre. Das malerische Flair dieses Hofes auf Rügen zieht dich sofort in ihren Bann.

Für Kinder gibt es einen großen Spielbereich. Entspannen kannst du dich in einer finnischen Holzsauna. Für sportliche Aktivitäten steht dir eine Auswahl von Fitnessgeräten und Leihfahrrädern zur Verfügung.

Auch für das leibliche Wohl ist mit einer modernen, regionalen Küche gesorgt. WLAN ist auf Nachfrage gegen Aufpreis zu erhalten.

Strom
Waschmaschine
Toiletten
Dusche
Feuerstelle
Hofladen
Haustiere willkommen

€€

Tipp von Gastgeber Holger:
»Ich kann die Rügner Insel-Brauerei in Rambin empfehlen, aber auch unsere Eselwanderung und Frühstück auf dem Hof!
Ein weiterer Tipp ist der Baggersee `Berglaser Kreidebruch'.«

18574 Gustow

Jetzt buchen:

Mecklenburg-Vorpommern | Rügen

Camping bei Familien-Bauernhof

Auf diesem Bauernhof auf Rügen kannst du so richtig gut entspannen und deine Privatsphäre auf dem Stellplatz genießen. Der Hof liegt zentral im Herzen der Insel, sodass du alle touristischen Ziele gut erreichen kannst. Es handelt sich um einen geschotterten Stellplatz mit separater Zufahrt auf dem Hof, direkt an einer Weihnachtsbaumplantage.

Bei Bedarf kann eine Feuerschale für ein gemütliches Feuer oder zum Grillen bereitgestellt werden, Holz kannst du vor Ort erwerben.
Auch das Frühstücksei, frisch vom Hof, ist möglich und abhängig von der Vegetationszeit bietet der Hof frisches Obst und Gemüse, zum Beispiel Gurken und Tomaten, an.

Feuerstelle

Haustiere willkommen

€

18581 Putbus

Jetzt buchen:

Das sagen andere Camper:

»Toller Platz, absolute Privatsphäre, kleine Feuerstelle zum Grillen, wir haben uns in der ruhigen Idylle sehr wohl gefühlt. Der Gastgeber ist sehr hilfsbereit. Wir kommen wieder!«

★★★★★

Tipp von Gastgeber Lutz:

»Den Schlosspark in Putbus, den Hafen Lauterbach für maritimes Flair und Räucherfisch sowie unseren Antikladen auf dem Bauernhof kann ich nur empfehlen.«

Erholung im Naturpark am See

Mitten auf Rügen liegt dieser Park, in dem du Wasserski und Wakeboard fahren kannst. Der türkisblaue See lädt auch zum Baden ein.

Der Stellplatz am See hat auch ein Restaurant. Hier kannst du dir nicht nur einen Stellplatz für dein Reisemobil aussuchen, sondern auch einen Zeltplatz oder ein Mobilheim buchen.
Nach Absprache kann auch die Dusche benutzt werden!

Die Ostsee ist nur 8 Kilometer entfernt. In nur 2 Kilometern Entfernung kannst du mit der rasenden 'Rolland' (Schmalspurbahn) nach Binz, Sellin, Baabe und Göhren dampfen.

Wasser

Strom

Feuerstelle

€€

18528 Zirkow

Jetzt buchen:

Das sagen andere Camper:

»Schöner Platz an einem See mit Restaurant. Konnte mir einen Platz aussuchen. Es war sehr ruhig hier.«

★★★★★

Tipp des Gastgebers:

»Verbringe einen gemütlichen Abend an der Feuerstelle des Platzes und beobachte den Sternenhimmel – der ist hier ganz besonders toll.«

Mecklenburgische Seenplatte

Das Land der tausend Seen

Willkommen an der Mecklenburgischen Seenplatte, einem echten Naturparadies, das Camper mit seiner unberührten Schönheit und den zahlreichen Seen und Wäldern begeistert. Diese Region in Norddeutschland ist ein echtes Traumziel.

Die Mecklenburgische Seenplatte zeichnet sich vor allem durch ihre beeindruckende Wasserlandschaft aus. Mit über tausend Seen, Flüssen und Kanälen bietet sie unzählige Möglichkeiten für Wassersportaktivitäten wie Kanufahren, Segeln und Angeln. Du kannst dein Wohnmobil oder Zelt direkt am Ufer aufstellen und morgens mit einem erfrischenden Sprung ins klare Wasser starten.
Die Region ist auch für ihre idyllischen Wälder und Nationalparks bekannt.

Ein Spaziergang oder eine Wanderung durch die dichten Wälder und Moore ermöglichen dir, die reiche Tier- und Pflanzenwelt zu entdecken.
Vogelbeobachtung ist hier besonders beliebt, da die Seenplatte ein wichtiger Lebensraum für viele seltene Vogelarten ist.

Nicht verpassen:

Besuche das Schloss Rheinsberg, ein barockes Juwel, das am Ufer des Grienericksees liegt.
Städte, wie Waren (Müritz) und Neustrelitz bieten eine charmante Mischung aus Geschichte und modernem Leben.
Schlendere durch die gepflasterten Straßen, besuche lokale Märkte und probiere die regionale Küche in den gemütlichen Restaurants.

Ein Festival für alle

Das ‘Festival A Summer's Tale ist eine tolle Veranstaltung in dieser Region, die du dir nicht entgehen lassen solltest.

Dieses Event, das gewöhnlich im Sommer stattfindet, bietet eine vielfältige Palette an Musik, Kunst, Kultur und Naturerlebnissen. Hier kannst du Live-Musik verschiedener Genres erleben, Theateraufführungen genießen, an Workshops teilnehmen, Filme sehen, Lesungen lauschen und kulinarische Köstlichkeiten probieren.

Zusätzlich dazu bietet das Festival Outdoor-Aktivitäten wie Wandern und Fahrradfahren in der umgebenden Natur. Du siehst, diese Veranstaltung hält für jeden etwas bereit.

Das solltest du ausprobieren:

- Stralsunder Fischertopf
- ‘Kak’t Dötsch’
- Herings-Kartoffeln

Alle Plätze an der Seenplatte entdecken:

Klein Trebbow in Waldrandlage

Der traumhafte Stellplatz im Grünen befindet sich in der Ortschaft Klein Trebbow auf einem umzäunten Naturgrundstück mit Ferienhaus, welches während deiner Buchung nicht bewohnt sein wird.

Genieße die Waldrandlage und einen ungestörten Blick über eine Wiese mit abendlichem Sonnenuntergang. Der Kluge See, mit seiner Steg-Badestelle, lädt dich zur Erfrischung ein und befindet sich nur etwa 300 Meter vom Platz entfernt.

Die Residenzstadt Neustrelitz erreichst du in nur 6 Kilometern.

Wasser

Strom

Haustiere willkommen

€€

>7m

17235 Neustrelitz

Jetzt buchen:

Tipp von Gastgeber Martin:
»Zu empfehlen ist der Kluge See mit Steg-Badestelle, der Tiergarten Neustrelitz und das Slawendorf Neustrelitz.«

Das sagen andere Camper:
»Wir hatten wundervolle Tage bei Martin. Der Stellplatz ist perfekt für alle, die Ruhe und grandiose Natur suchen. Martin ist super freundlich und wir können den Platz absolut weiterempfehlen!«

★★★★★

Ruhiger Garten am Badesee

Inmitten der Mecklenburgischen Seenplatte liegt der Stellplatz auf einem privaten alten Gutshof. Nur 50 Meter von deinem Platz entfernt und in absoluter Ruhe, findest du das See-Ufer des Müritzsees mit Steg, Naturbadestelle und einem Ruderboot. Ein SUP sowie ein Ruderboot kannst du jederzeit nutzen.

Weitere 50 Meter entfernt, entlang des Sees, findest du eine kleine Bucht, die zu wunderschönen Momenten in Alleinlage einlädt.

Die Region ist eine traumhafte Gegend für Wanderer, Angler und Radfahrer. Die nur 6 Kilometer entfernte Residenzstadt Neustrelitz hat eine schöne Architektur und Einkaufsmöglichkeiten.

Wasser

Strom

Feuerstelle

€€

>7m

17237 Blumenhagen

Jetzt buchen:

Das sagen andere Camper:
»Wir wurden äußerst freundlich begrüßt und erhielten alle nötigen Infos sofort. Der Stellplatz war sensationell. Wir haben uns rundum wohl gefühlt und werden sicher wiederkommen.«

Tipp von Gastgeberin Nadine:
»Erlebe eine Kajaktour durch den Müritz-Nationalpark oder besuche die Residenzstadt Neustrelitz mit Altstadt, Marktplatz und Hafen.«

17098 Friedland

Jetzt buchen:

>7m

Brohmer Berge

Dieser Stellplatz befindet sich in Mecklenburg-Vorpommern an der nördlichsten Talsperre Deutschlands, am Rande des Naturschutzgebietes der Brohmer Berge.

Umgeben ist der schöne Naturstellplatz von ausgedehnten Waldflächen, Seen und Flüssen – also der ideale Ausgangspunkt für Tagesausflüge zu Sehenswürdigkeiten und Freizeitaktivitäten in der Umgebung. Der Brohmer Stausee kann zu Fuß oder per Rad umrundet werden. Auch Rad- und Wanderwege führen hier direkt vorbei. Das Stettiner Haff, die Inseln Usedom und Rügen, sowie Greifswald, Stettin und die Müritz sind schnell zu erreichen.

- Wasser
- Strom
- Schmutzwasserentsorgung
- Waschmaschine
- Toiletten
- Dusche
- Feuerstelle
- Hofladen
- Haustiere willkommen
- Wifi

€€

Campingwiese Naturidyll

Inmitten von Feldern und einem Vogelschutzgebiet liegt ein Siedlerhaus mit einer großen Wiese. Auf der Obstwiese des Grundstückes kannst du zur Ruhe kommen, Tiere beobachten oder zur Fahrradtour rund um die Müritz aufbrechen.

In Deutschlands größter Feldsteinscheune oder im Irrgarten Bollewick schlendern, in den Häfen von Röbel und Rechlin ein Fischbrötchen essen, eine Paddeltour von Vipperow aus machen oder einfach nur an den Stränden der Mecklenburger Seenplatte baden. Angeln ist dort auch möglich.

Kinder können das Trampolin und den Kletterbaum beim Stellplatz nutzen.

- Wasser
- Strom
- Haustiere willkommen

€

>7m

Tipp von Gastgeber Christian:

»In Bollewick gibt es einen Irrgarten und ein Kunstzentrum, das sich 'Die Scheune Bollewick' nennt.«

Schleswig-Holstein

Zwischen Nord- und Ostsee

Willkommen in Schleswig-Holstein, dem Bundesland zwischen Nordsee und Ostsee, das mit seiner natürlichen Schönheit, reichhaltigen Kultur und faszinierenden Geschichte Touristen aus aller Welt anlockt. Hier erwartet dich eine Vielzahl von Sehenswürdigkeiten, spannenden Unternehmungen und Aktivitäten für einen unvergesslichen Urlaub.

Die 2.000 Kilometer lange Küstenlinie von Schleswig-Holstein bietet zahlreiche Möglichkeiten für Aktivitäten. An der Nordsee kannst du Wattwanderungen unternehmen, um die einzigartige Tier- und Pflanzenwelt des Wattenmeeres zu erkunden. Die Ostseeküste bietet wunderschöne Strände und ideale Bedingungen für Wassersportarten wie Segeln, Surfen und Kitesurfen.

Das Binnenland von Schleswig-Holstein beheimatet die malerische Holsteinische Schweiz, ein Paradies für Wanderer und Radfahrer. Erkunde den Großen Plöner See und den Ratzeburger See, die perfekt für Wassersport und entspannte Bootsfahrten sind.

Entdecke das Beste aus beiden Welten: die raue Nordsee und die ruhige Ostsee, die Geschichte und die Moderne – Schleswig-Holstein erwartet dich mit offenen Armen.

von Peggychoucair über Unsplash

Die Kultur der Küste

Das Wikingerdorf Haithabu ist ein Muss. Dieses Freilichtmuseum in Schleswig vermittelt dir ein authentisches Bild des Lebens der Wikinger in der Region. Die beeindruckenden Rekonstruktionen von Wikingerhäusern und -schiffen lassen die Vergangenheit lebendig werden.

Die Küstenstadt Flensburg bezaubert mit maritimem Charme. Besuche das Deutsche Museum für Rum und erfahre mehr über die Bedeutung dieses Getränks für die Stadt. Das Schloss Glücksburg, mit seiner eindrucksvollen Architektur und den weitläufigen Gärten, ist ebenfalls einen Besuch wert.

Wir empfehlen folgende Regionen:

- Nord-Ostsee-Kanal
- Holsteinische Schweiz
- Nordsee
- Ostsee

Nord-Ostsee Kanal

Schippern oder campen?

Du hast den Nord-Ostsee-Kanal erreicht, eine Region von maritimer Schönheit. Der Nord-Ostsee-Kanal ist eine der meistbefahrenen künstlichen Wasserstraßen der Welt und verbindet die Nordsee mit der Ostsee. Die Region um den Kanal herum bietet eine Fülle von Aktivitäten und Sehenswürdigkeiten für Camper.

Das Herzstück des Kanals ist zweifellos seine Schifffahrt. Beobachte die vorbeifahrenden Schiffe, von kleinen Frachtern bis hin zu imposanten Kreuzfahrtschiffen. Der Kanal ist ein Nadelöhr für den internationalen Schiffsverkehr und bietet ein faszinierendes Schauspiel.

Die umliegende Landschaft ist geprägt von grünen Wiesen und Wäldern. Der Kanalweg begleitet die Wasserstraße und bietet traumhafte Ausblicke, ebenso der Nord-Ostsee-Kanal-Radweg.

Abstecher in die Stadt

Die Städte entlang des Kanals sind reich an Geschichte und Kultur. Besuche Kiel, die Landeshauptstadt Schleswig-Holsteins, und entdecke das Marinemuseum oder das Kieler Schloss. Lübeck, eine UNESCO-Weltkulturerbe-Stadt, lockt mit mittelalterlicher Architektur und dem berühmten Holstentor.

Lichterfest im September

Ein jährliches September-Highlight am Nord-Ostsee-Kanal: die NOK-Romantika. Das größte Lichterfest Schleswig-Holsteins bietet eine zauberhafte Atmosphäre mit LED-Lichtstäben, Laternen und Kerzen.

In vergangenen Jahren feierten bis zu 20.000 Menschen dieses einzigartige Event.

In verschiedenen Städten am Kanal kann man romantische Abende mit Live-Musik und spektakulären Lichtshows erleben. Die NOK-Romantika zieht immer wieder Abenteurer und Camper aus der Region an, um gemeinsam einen unvergesslichen Abend zu verbringen.

Das solltest du ausprobieren:

- Lamm und Kohlsuppe
- Räucheraal
- Fischbrötchen
- Krabben

Alle Plätze am Nord-Ostsee-Kanal entdecken:

Alpaka-Wiese

Hier findest du einen Stellplatz auf einem Bauernhof mit Ausblick auf die Alpaka- und Kuhwiesen vor.
In der Nähe gibt es zahlreiche Wander- und Radwege, zum Beispiel am Nord-Ostseekanal oder im Naturpark Aukrug. Ein Platz zum Entspannen.

Für alle Abenteurer: Der Hochseilgarten Hademarschen mit dem OutEx-Kletterwald befindet sich in der Nähe.

In circa 30 Minuten erreichst du die Hafenstadt Kiel, direkt an der Ostsee. Die Landeshauptstadt von Schleswig-Holstein beeindruckt durch die bekannte Kieler Förde und die wiederaufgebaute Nikolaikirche. Auf jeden Fall super geeignet für einen Tagesausflug.

- Wasser
- Strom
- Feuerstelle
- Haustiere willkommen
- Alpakas vor Ort

€

<7m

Tipp von Gastgeber Markus:
»Das Freibad und Hallenbad mit Sauna in Rendsburg kann ich empfehlen.«

Am Hof Nähe Ostsee

Der ganzjährig nutzbare Stellplatz befindet sich etwa 20 Kilometer von der Ostsee entfernt, direkt auf einem Hof. Hier kannst du dich zurücklehnen und den stressigen Alltag vergessen.

Im Hofladen kannst du Produkte wie Heidelbeeren, Marmelade und Saft erwerben.

Büdelsdorf und Rendsburg sind etwa 4 Kilometer entfernt. Besuche auch Eckernförde oder fahre Fahrrad, auf den zahlreichen Radwegen.

- Wasser
- Strom
- Hofladen
- Haustiere willkommen
- Wifi

€€

>7m

Tipp von Gastgeber Hans-Klaus:
»Im Restaurant 'Brauer's Aalkate' kannst du gemütlich zu Abend essen.«

Am Naturpark Westensee

Direkt am Rande des wundervollen Naturparks Westensee und nur 500 Meter Fußweg durch den Wald zur Badestelle liegt der Einzelstellplatz.

Du stehst mit deinem Reisemobil im Hof, dort umgibt dich ein großes Feld und ein Grundstück, das direkt am Rand zum Naturpark liegt. In der Nähe des Platzes befindet sich ein Kanuverleih, dort kann auf Anfrage auch eine Segeltour vereinbart werden.

Der Westensee liegt nur 20 Kilometer westlich von der Kieler Förde. In Kiel befindet sich ein toller Bikepark.

Das sagen andere Camper:

»Der Stellplatz ist eine Wucht! Stellplatz am privaten Garten in exzellenter Lage und superfreundlicher Gastgeber. Die kurze Wanderung zum Westensee mit Seeadlerbeobachtung ist ein Erlebnis. Wir kommen sicher wieder.«

★★★★★

Tipp von Gastgeber Rainer:

»Hier kannst du super Kayak oder SUP am Westensee fahren. Im Café Noosh gibt es leckeren Kaffee und Kuchen.«

- Wasser
- Strom
- Wifi

€€

>7m

24242 Felde

Jetzt buchen:

Abenteuerplatz auf dem Land

Hier campst du auf dem einmaligen Naturstellplatz auf einer Wiese im Garten. Nicht weit vom Stellplatz befindet sich der historische Ochsenweg für Wanderungen und Radtouren.

Lass den Abend dann bei einem traumhaft schönen Sonnenuntergang an der Feuerstelle ausklingen.

Hin und wieder kannst du auch die beleuchtete Landebahn des Militärflugplatzes bestaunen, wenn kurze Nachtflug-Übungen anstehen. Keine Angst, sie dauern nicht die ganze Nacht.

- Wasser
- Strom
- Schmutzwasserentsorgung
- Toiletten
- Feuerstelle
- Haustiere willkommen

€€

>7m

24848 Kropp

Jetzt buchen:

Tipp von Gastgeberin Anna:
»Eins der bedeutendsten archäologischen Museen in Deutschland ist das Wikinger-Museum Haithabu – Schleswig ist nicht weit davon entfernt.«

In Nordseenähe

Ein schöner Stellplatz in der Nähe der Nordsee und hier könntest du campen. Der Platz liegt auf einer Wiese neben einem Bauernhof.

Die nächste Einkaufsmöglichkeit ist in Marne, etwa 2 Kilometer entfernt. Den Badestrand von Friedrichskoog erreichst du in nur 12 Kilometern.

Wenn du gerne mit dem Fahrrad unterwegs bist, dann bist du Richtung Neufeld, Brunsbüttel und der Elbe genau richtig.

- Wasser
- Strom
- Schmutzwasserentsorgung
- Haustiere willkommen
- Toiletten

€€

>7m

25709 Helse

Jetzt buchen:

Tipp von Gastgeberin Silke:
»Meine Tipps sind die Seehundstation und das Strandbad in Friedrichskoog.«

Das sagen andere Camper:
»Super schön. Da fühlt man sich gleich wie zu Hause. Wer einen Platz in der Nähe der Brauerei sucht, ist hier gut aufgehoben.«

★★★★★

Holsteinische Schweiz

Bin ich in der Schweiz?

Die Holsteinische Schweiz erstreckt sich im Herzen Schleswig-Holsteins und ist berühmt für ihre zahlreichen Seen, Hügel und Wälder. Die Region bietet die perfekte Kulisse für Naturliebhaber und Erholungssuchende.

Die zahlreichen Seen in der Holsteinischen Schweiz laden zum Schwimmen, Paddeln und Segeln ein. Besuche den Plöner See, den größten Binnensee Schleswig-Holsteins, und genieße das klare Wasser und die malerischen Ufer.

Die Radwege der Holsteinischen Schweiz führen dich entlang der schönsten Orte und Sehenswürdigkeiten und bieten eine entspannte Möglichkeit, die Umgebung zu erkunden.

Für Wanderfreunde gibt es ein gut ausgebautes Netz von Wanderwegen, darunter der Eutiner Seeweg und der Malenter Naturlehrpfad. Genieße die herrliche Natur und begebe dich auf eine Entdeckungsreise durch die Region.

Schloss und Herrenhaus

Das Schloss Eutin und das Herrenhaus Panker sind beeindruckende Beispiele für die regionale Architektur und Geschichte.

Biikebrennen im Februar

Das Biikebrennen in der Holsteinischen Schweiz ist ein beliebter Brauch im Februar, der seinen Ursprung in den heidnischen Frühlingsfeuern hat.

Mit ausgedienten Weihnachtsbäumen als Brennmaterial markiert es den Abschied vom Winter, ist touristisch bedeutsam und das erste Großereignis des Jahres in Nordfriesland. Es findet jährlich am 21. Februar statt.
Die riesigen Leuchtfeuer sind ein echtes Spektakel!

Das solltest du ausprobieren:

- Holsteiner Rübenmus
- Sauerfleisch
- Fliederbeersuppe

Alle Plätze in der Holsteinischen Schweiz entdecken:

Wunderschöner Platz in der Natur

Diese wunderschönen Stellplätze liegen mitten in der Natur, mit einem tollen Blick über eine schöne Wiese. Der Stellplatz bietet Platz für drei Fahrzeuge. Sanitäre Anlagen sind nicht vorhanden.

Durch die verschiedenen kleinen Bauminseln findest du immer einen ruhigen Platz.

Außerdem ist ein kleiner Feuerplatz vorhanden. Für Kinder gibt es viel Spielfläche. Die 3 Plätze sind durch Nummern markiert und der Weg auf die Koppel ist durch Hinweisschilder zu finden.

Wasser

Strom

Feuerstelle

Haustiere willkommen

€

>7m

24211 Lehmkuhlen

Jetzt buchen:

Tipp von Gastgeberin Isabel:
»Besuche Plön und das Schloss in Verbindung mit einer schönen Radtour. Sehr zu empfehlen ist das Café Gröönten bei der alten Schlossgärtnerei oder das Café Grün in Preetz.«

Das sagen andere Camper:
»Nach einem netten Empfang hatten wir einen entspannten Nachmittag in diesem tollen Garten. Mit dem Fahrrad kann man über eine sehr schöne Strecke nach Plön fahren.«

Bauernhof Camping mit Gemüse

Auf diesem Stellplatz findest du Entspannung und Erholung, egal ob du nur auf der Durchreise bist oder etwas verweilen willst. Die sehr schönen Städte Preetz und Plön, mit dem weithin sichtbaren Schloss, sind mit dem Rad gut zu erreichen.

Hier erwartet dich: Gemüse zum selbst Ernten, ein Hofladen mit Wild & Gallowayfleisch, Hühnerfüttern und Eiersammeln, Paradies für Kinder mit Spielschuppen und Fahrzeuge, ein einfacher Badesteg mit Sitzbank, ein Nassbereich funktional und sauber und eine Außendusche, erwärmt durch Sonneneinstrahlung.

- Wasser
- Strom
- Toiletten
- Dusche
- Feuerstelle
- Hofladen
- Haustiere willkommen
- Wifi

€€

>7m

24211 Lehmkuhlen

Jetzt buchen:

Tipp von Gastgeber Hendrik:
»Für Wasserski ist der Freizeitpark 'Süsel Seeparx' zu empfehlen. Beim Bistro Wahlstorfer Mühle gibt es leckere Fischbrötchen.«

Idyllisch gelegener privater Stellplatz

Der ehemalige Bauernhof verfügt über einen Stellplatz am Ende der Stallgebäude und zwei weitere Stellplätze auf dem ehemaligen 800 m² großen Reitplatz.

Ein Stromanschluss ist möglich, Wasser kann in mitgebrachten Behältern zur Verfügung gestellt werden.

Die nächsten Einkaufsmöglichkeiten sind im 6 Kilometer entfernten Ort Kirchbarkau vorhanden. Mit dem Fahrrad kann man die Gegend sehr gut erkunden. Die Ostsee liegt circa 40 Fahrminuten mit dem Auto entfernt. Hunde sind an der Leine erlaubt.

>7m

- Wasser
- Strom
- Feuerstelle
- Haustiere willkommen

€

Tipp von Gastgeberin Vanessa:
»Mein Tipp ist der Urzeithof – ein Museum und Hofcafé in Stolpe.«

24238 Mucheln

Jetzt buchen:

Erholung mit Tieren

Du suchst Ruhe und Entspannung? Liebst du Pferde, Schafe, Hunde und Katzen und hast Lust auf kulturelle Veranstaltungen?

Dann bist du hier richtig! Hier darfst du deinen Camper mit Blick in den Garten und auf die Pferdekoppel stellen.

Du kannst die Feuerschale und den Grill nutzen. Auch Fahrräder können zur Verfügung gestellt werden, um beispielsweise zum 1 Kilometer entfernten See zu fahren. Freu dich auf eine kleine Auszeit!

- Wasser
- Strom
- Schmutzwasserentsorgung
- Waschmaschine
- Toiletten
- Feuerstelle
- Haustiere willkommen

€€

In der Natur auf Hof in Alleinlage

Der Stellplatz befindet sich auf einem Hof, mit Ausblick auf Wald, Feld und Wiese. Hier ist es sehr ruhig – perfekt zum Abschalten. Hunde sind sehr willkommen. Nach Absprache kann sogar der 1,80 Meter hoch eingezäunte Hundegarten genutzt werden, um deinen Hund flitzen zu lassen.

Auf dem Hof leben 4 Alaskan Huskys, die sich auf Hundebesuch freuen. Im Nebendorf gibt es einen Badesee und einen Pony-Park. Auch Forellenseen sind ganz in der Nähe. Die nächste größere Stadt ist Neumünster, dort gibt es einen Tierpark, eine Schwimmhalle sowie ein Kino.

Wasser

Strom

Haustiere willkommen

€€

>7m

24647 Ehndorf

Jetzt buchen:

Tipp von Gastgeberin Sarah:

»Ich empfehle dir, den Pony-Park Padenstedt und Neumünster zu besuchen. In Neumünster findest du auch einen Tierpark, ein Kino und Schwimmbäder.«

Das sagen andere Camper:

»Sehr schönes, ruhiges Plätzchen inmitten von Feldern. Die Gastgeber waren super nett und hatten sogar ein kleines Geschenk für unsere Fellnase. Echt zu empfehlen!«

★★★★★

25860 Horstedt

Jetzt buchen:

Stellplatz am Heckelshof

Der ganzjährig nutzbare Stellplatz liegt auf einem landwirtschaftlichen Betrieb mit Mutterkuhhaltung und Schafen.

Der Hof befindet sich in ruhiger Lage und ist knapp 3 Kilometer von Husum entfernt. Von hier aus bist du innerhalb von 10 Fahrminuten an der Nordsee. An die Ostsee, den Fähranlegern zu den Nordseeinseln und zur dänischen Grenze, brauchst du 30 Minuten.

Auf diesem Hof kannst du dich in Ruhe entspannen und wenn du willst, das Meer besuchen und die salzige Meeresbrise genießen.

>7m

- Wasser
- Strom
- Schmutzwasserentsorgung
- Feuerstelle
- Haustiere willkommen
- Wifi

€€

Camping mit Blick auf die Eider

Auf einem Grundstück, in direkter Nähe zur Eider, wird dir ein ruhiger Platz zur Entspannung und Erholung in der Natur angeboten. Dein Platz befindet sich auf einer befestigten Plattform.

Von St. Annen aus hast du die Möglichkeit viele verschiedene Sehenswürdigkeiten und Attraktionen zu erkunden und zu entdecken, beispielsweise das Eidersperrwerk und das Multimar Wattforum. St. Peter-Ording, Büsum, Sylt, Heide und Husum sind weitere spannende Destinationen in der näheren Umgebung.

Die nächsten Einkaufsmöglichkeiten sind im Holländerstädtchen Friedrichsstadt, nur 5 Minuten vom Platz entfernt.

Strom

Haustiere willkommen

€

25776 St. Annen

Jetzt buchen:

Tipp von Gastgeberin Sophie:

»Hier gibts das Eider-Sperrwerk und das Nationalpark-Zentrum Multimar Wattforum.«

Wunderschöner Platz auf einer Wiese

Ein schöner ruhiger Stellplatz auf einer Wiese eingerahmt von alten Bäumen wartet nur auf deinen Besuch. Auf der einen Seite befindet sich ein Gewässer, welches gerne von Anglern genutzt wird, dahinter liegt eine wunderschöne Blumenwiese.

In der Umgebung findest du das holländische Städtchen Friedrichstadt und die Hafenstadt Husum mit Ausstellungen zum Watt und den Salzwiesen. Die Stadt Sankt Peter-Ording liegt im Nationalpark Wattenmeer und besticht durch 12 Kilometer feinsten Sandstrand an der Nordsee. Sowohl Husum als auch Sankt Peter-Ording sind in 30 Minuten erreichbar. Nach Friedrichstadt sind es nur 5 Minuten.

Wasser

Strom

Feuerstelle

Haustiere willkommen

€€

>7m

25776 Sankt Annen

Jetzt buchen:

Tipp von Gastgeberin Kira:
»Im nahegelegenen Landgasthaus Sankt Annen gibt es leckere hausgemachte Köstlichkeiten. Besuche auch Friedrichstadt mit seinen Grachten und Burgen.«

Das sagen andere Camper:
»Wunderschöne Wiese und (wer möchte) schattige Bäume. Wir waren nachmittags noch am Meer.«

★★★★★

Eiderwiesenstellplatz

Du stehst hier auf einer schönen Wiese in direkter Nähe zur Eider mit Badestelle und Kanuanleger. Im Sommer kannst du dich einfach im Wasser abkühlen oder mit dem direkt am Platz Kanu losfahren.

Der Stellplatz gehört zu einem landwirtschaftlichen Betrieb mit Hofladen. Sanitäranlagen stehen bereit und auch dein Vierbeiner ist herzlich willkommen.

Umgeben von grünen Wiesen und unzähligen grasenden Schafen und Kühen geht es in Drage eher gemütlich zu. Wunderschöne, reetgedeckte Häuser prägen das Ortsbild.

In der Nähe sind zahlreiche Rad- und Wanderwege vorhanden.

Wasser

Toiletten

Dusche

Hofladen

Haustiere willkommen

€€

>7m

25878 Drage

Jetzt buchen:

Tipp von Gastgeber Sascha:

»Das Holländerstädtchen Friedrichstadt gehört zu den schönsten Ausflugszielen hier.«

Das sagen andere Camper:

»Ein wunderschöner, ruhiger und traumhafter Wiesenstellplatz direkt an der Eider – eine idyllische Badestelle gibt es auch direkt daneben!«

★★★★★

Seeblick direkt am Schwimmteich

Hier werden dir zwei Campingstellplätze abseits der Massen, direkt auf einem Bioland-Ferienbauernhof, mit Blick auf einen Schwimmteich, angeboten.

Nahe bei den Tieren stehst du unabhängig und doch in vertrauter Atmosphäre. Die Stellplätze bieten Stromanschlüsse, WLAN und du kannst die sanitären Anlagen nutzen.

Insbesondere für die Kinder werden hier diverse Spielmöglichkeiten und Tiererlebnisse angeboten. Während sich die 'Kleinen' im Spielbereich austoben, den Hof erkunden oder die Tiere streicheln können, lehnen sich die 'Großen' zurück und entspannen.

Wasser

Waschmaschine

Toiletten

Dusche

Feuerstelle

Haustiere willkommen

Wifi

€€€

>7m

25764 Süderdeich

Jetzt buchen:

Tipp von Gastgeberin Katinka:

»Erlebe hier Fangfahrten mit dem Krabbenkutter, entdecke die Nordsee im Multimar Wattforum oder den Steinzeitpark in Albersdorf.«

Seeblick Jürgenshagen

Ein traumhafter Stellplatz direkt am schönen Südensee. Die Sonne geht über dem See auf und taucht die Umgebung täglich in ein anderes Licht. Erholung pur!

Nach Absprache kann ein vorhandenes Ruderboot benutzt werden, zwei Schwimmwesten in Kindergröße stehen zur Verfügung.

Die Distanz zu den nächsten Einkaufsmöglichkeiten liegt bei 2,5 Kilometern. Zur Ostsee sind es nur 15 Kilometer und nach Flensburg 20 Kilometer.

Das sagen andere Camper:

»Ein sehr netter, unkomplizierter Gastgeber und ein sehr gepflegter Platz mit traumhafter Seesicht. Gerne wieder.«

★★★★★

- Wasser
- Strom
- Feuerstelle
- Haustiere willkommen

€€

>7m

Tipp von Gastgeber Kartsen:

»Jahnkes Ziegenkäse ist eine echte Empfehlung von mir. Außerdem können Angler im See angeln.«

24966 Sörup

Jetzt buchen:

Camping am Gutshof

Der Stellplatz liegt auf einem alten Gutshof mit viel Charme. Du kannst zwischen dem Platz mit weitem Blick über Felder oder dem Platz vor der historischen Scheunen wählen.

Der Hof liegt direkt vor den Toren Eckernfördes und ist nur von Natur umgeben: Rehe und Damwild sieht man eigentlich immer, mit etwas Glück kannst du auch mal einen Seeadler beobachten. Nur 3 Kilometer vor den Toren von Eckernförde lässt sich dieses niedliche Küstenstädtchen gut mit dem Fahrrad erreichen. Auch Einkaufsmöglichkeiten sind in nur 2 Kilometern erreichbar.

Wasser

Strom

Haustiere willkommen

Wifi

€€

>7m

24340 Goosefeld

Jetzt buchen:

Tipp der Gastgeber:

»Der Hochseilgarten in Altenhof ist ein spannendes Ausflugsziel für Groß und Klein.«

Das sagen andere Camper:

»Tolle ruhiger Lage, nur 15 Minuten mit dem Rad bis zur Ostsee. Sehr nette Gastgeberfamilie. Natur pur!«

★★★★★

Bauernhofcamp auf Fehmarn

Hier campst du auf einem großzügigen Stellplatz auf einer grünen Wiese direkt auf einem Ferienhof.

Die Spielscheune und der Spielplatz sind ein Paradies für Kinder. Auch die Tiere des Bauernhofs vor Ort freuen sich auf Besuch. Hier gibt es Hühner, Kaninchen und Pferde, die gerne auch gestreichelt werden dürfen.

Du brauchst nur 5 Minuten mit dem Fahrrad zum Strand und 20 Minuten nach Burg.

Wasser
Strom
Waschmaschine
Toiletten
Dusche
Feuerstelle
Hofladen
Wifi

€€€

>7m

23769 Fehmarn

Jetzt buchen:

Tipp von Gastgeber Arend-Peter:

»Empfehlenswert sind die Restaurants: Zum Goldenen Anker, Borgo Antico, Haus 4. Außerdem ist das U-Boot Museum einen Besuch wert!«

Ostseenaher Stellplatz mit Landblick

Dieser Naturstellplatz liegt in unmittelbarer Nähe zum wunderschönen Ostseebad Scharbeutz. Hier stehst du auf einem befestigten Stellplatz auf einem Bauernhof neben Pferden, die sich über deinen Besuch freuen. Für Kinder kannst du zum Beispiel auch eine Treckerfahrt vereinbaren.

An die Ostsee sind es von hier aus nur etwa 4 Kilometer – also auch einfach mit dem Fahrrad auf dem Radweg zu erreichen!

Einkaufsmöglichkeiten findest du in einem Kilometer Entfernung. Auf dem Hof gibt es auch eine 'Eierbude', wo es neben frischen Eiern für dein Frühstück auch Kartoffeln gibt.

Das sagen andere Camper:
»Sehr schöner und ruhiger Platz. Super nette Gastgeber. Einfach genau so, wie es sein soll.«

★★★★★

- Wasser
- Strom
- Hofladen
- Haustiere willkommen

€€

>7m

23689 Ratekau

Jetzt buchen:

Tipp von Gastgeber Henrik:
»Für leckere Köstlichkeiten, ist das Restaurant im Ort mit deutscher Küche wirklich zu empfehlen – es befindet sich in nur 200 Meter Entfernung.«

Stellplatz in Alleinlage - Natur pur

Suchst du nach einem Kurzurlaub im Grünen auf dem Land? Ob Schafe, Pferde, Kühe oder Enten – wer Tiere und die Natur liebt, ist hier goldrichtig!

Die Stellplätze liegen direkt neben den Pferdeweiden und bieten einen tollen Ausblick. Außerdem gibt es auch einen kleinen Teich zum Verweilen und du kannst dich bei gutem Wetter auf tolle Sonnenuntergänge gefasst machen.

Der Platz befindet sich zwischen Hamburg und Lübeck an der A1. Die Umgebung ist geprägt durch kleine Seen, Weiden und Wälder. Du kannst auch einen Ausflug nach Lübeck und viele weitere Städtchen machen, es sind nur etwa 30 Fahrminuten bis nach Lübeck.

- Wasser
- Strom
- Schmutzwasserentsorgung
- Feuerstelle
- Hofladen
- Haustiere willkommen
- Wifi

€€

>7m

Tipp von Gastgeber Torsten:
»Der Radweg von Bad Oldesloe nach Rheinfeld ist sehr schön!«

23847 Pölitz

Jetzt buchen: